JN083341

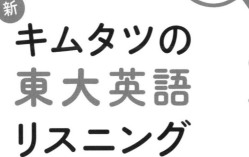

新 キムタツの
東大英語
リスニング

監修・執筆 木村達哉

アルク

英語の超人になる！
アルク学参シリーズ

大学受験のために必死で勉強する、これは素晴らしい経験です。しかし、単に大学に合格さえすればよいのでしょうか？　現在の日本に必要なのは、世界中の人々とコミュニケーションを取り、国際規模で活躍できる人材です。総理大臣になってアメリカ大統領と英語で会談したり、ノーベル賞を受賞して英語で受賞スピーチを行ったり、そんなグローバルな「地球人」こそ求められているのです。アルクは、大学受験英語を超えた、地球規模で活躍できる人材育成のために、英語の学習参考書シリーズを刊行しています。

たくさんの東大受験生たちの
おかげでできた本です！

木村達哉（KIMURA, Tatsuya）

　本書の旧版である『灘高キムタツの東大英語リスニング』は、以前、ある企業が調査した「東大生が選ぶ、全教科で最も役に立った問題集」の第1位に、3年連続で選ばれました。また、芸能人が東京大学の入試に挑戦するテレビ番組には、必ずと言っていいほど同書が登場してきました。僕はこれまで、テレビの出演依頼はすべてお断りしてきたのですが、僕に代わって同書が出演してきたのです。多くの受験生のお役に立ってきたことを、著者として非常にうれしく思っています。

　東京大学のリスニングは、非常に長いものを聞いて答える問題となっています。リスニングの基礎体力ができていないと、途中で集中力を切らすことになるでしょう。2005年の旧版制作時には、その基礎体力を鍛えること、本試験と同等の長さの模擬テストで練習ができること、問題を解いた後に確実にステップアップできる手法を提示すること、多岐にわたる知的好奇心を刺激するようなトピックを用意することなど、さまざまな目標と課題を設定し、それを実現させました。また、今回の改訂では、アメリカ英語、イギリス英語、オーストラリア英語で音声を収録したことが、大きな変更点の一つです。その点も含め、本書の模擬テスト部分は、最近の東京大学のリスニング問題に非常に近いものに仕上がったのではないかと思います。

　本書が刊行できるのは、僕を長年激励し続けてくれたたくさんの東大受験生たちのおかげです。この本は単なる受験対策本ではありません。本書のあちこちに、受験生の皆さんに対する先生方や僕からの熱いメッセージがあります。皆さんが努力を続け、春には東京大学のキャンパスで歓喜の涙を流されることを祈っております。合格された折にはぜひご一報頂き、一緒に合格を喜ばせてください。

動画もチェック！

木村先生の
さまざまな講義が聞ける
動画サイト
「キムタツチャンネル」
https://www.kimu-tatsu.com/youtube

「新 キムタツの東大英語
リスニング」シリーズの
読者の皆さんへの
メッセージ
https://youtu.be/d-94P3_0pxM

Contents

Chapter **3**

Trial Tests
▶ 035-261

本番形式の問題で鍛える
10本の模擬テスト

コラムKimutatsu's Cafeにご登場いただいた先生方
の所属と肩書は、2021年8月現在のものです。

本書の利用法

本書は **Chapter 1～3** の3つの章から成っています。直前対策用に
Trial Tests をいきなり解き始めることも可能ですが、時間がある人は
Chapter 1 から取り組んで、じっくりと実力を付けましょう。

Chapter 1

Strategies

東大入試二次試験の英語リスニング問題
に対応するための16のストラテジー(戦
略)を、キムタツ先生が解説します。リス
ニング力の向上と、問題に対応するテク
ニカルな対策の両面から、役立つ情報を
ご紹介。問題を解く前に、そして解いた
後にも、何度も繰り返し目を通すように
してください。

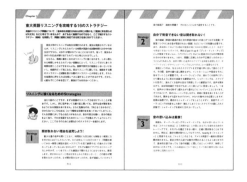

Chapter 2

Exercises

本番と同様の形式で短めの問題を解きな
がら、**Chapter 1** で紹介したストラテ
ジーをどのように活用して解答するか、
また問題に挑戦した後にどんなことをす
れば実力アップにつながるかを学びます。
問題を解いて終わりにするのではなく、
一つの問題から多くのものを得られる学
習法を身に付けましょう。

Chapter 3

Trial Tests

本番と同様の形式の練習問題です。3つのセクションから成る問題を10回分、計30セットの問題を収録。Exercisesで紹介した方法論に沿って練習してください。試験直前であれば、この章から始めても構いません。放送文と問題は後半に進むほど難しくなっています。

本書の学習に使用する音声は、パソコンまたはスマートフォンでダウンロード可能です。

パソコンでダウンロードする場合

下記のウェブサイトから音声ファイル（MP3形式。zip圧縮済み）をダウンロードしてください。

アルク「ダウンロードセンター」
https://portal-dlc.alc.co.jp/
※商品コード（7021043）で検索してください。

スマートフォンでダウンロードする場合

学習用アプリ「英語学習booco」をインストールの上、ホーム画面下「さがす」の検索窓に本書の商品コード7021043を入力し、音声ファイルをダウンロードしてください。

「英語学習booco」について
https://booco.page.link/4zHd

※ダウンロードセンター、英語学習boocoともに、サービスの内容は予告なく変更する場合があります。あらかじめご了承ください。

本書で使用しているマーク

🎧 **01** 音声ファイル01に対応していることを表します。

🇺🇸 収録音声がアメリカ英語であることを表します。

🇬🇧 収録音声がイギリス英語であることを表します。

🌏 収録音声がオーストラリア英語であることを表します。

東大英語リスニング問題の概要

東大入試のリスニング問題は、他大学の入試問題とどこが違うのでしょうか。ここでは東大入試二次試験のリスニング問題の概要と傾向、形式などをご紹介します。

 ## 試験時間

英語の試験時間120分のうち、約30分間放送される。大問が5つあるうちリスニング問題は3番目に当たり、放送開始も試験開始の45分後とちょうど中ごろに設定されている。放送が始まるまでの間はほかの問題を解くことになるが、リスニング問題の設問は問題用紙に掲載されておりいつでも目を通すことができる。設問に目を通しておくことで放送される音声の聞きやすさが大幅に変わってくるため、時間をうまく配分して必ず事前に読んでおいてほしい。例えば、試験開始直後の5分を設問を読む時間と決め、どんな内容が放送されるか、何を問われるかなど、できるだけ多くの情報を事前に確認しておきたい（**Strategy 6**参照→p. 15）。放送内容のメモを取るにしても、問題を解くのに必要のない情報をメモするために重要な情報を聞き逃すようなことがあってはもったいないからだ。

 ## 放送文の内容

（A）、（B）、（C）の3つのセクションが設けられ、2人以上の人物による会話と、講義や説明などのモノローグの両方が、ほぼ毎年出題されている。会話は情報量の多いやりとりや、1人の発言が長く複雑なものも出題されるので注意しよう。モノローグのトピックは科学から芸術まで多岐にわたり、聞き慣れない語句が登場することも多いため、理解力と集中力が一層要求される。問題用紙に記載された指示文中の「これから放送するのは〜についての会話である」などの情報も、リスニングの際の大きなヒントになる。これまでのところ、(A)、(B)、(C)のそれぞれが2回ずつ放送されている。設問は放送文の流れに沿った順序になっていることがほとんどであるため、1回目は問題用紙の設問を目で追いながら放送を聞いて解き、その際に解答に自信のなかった問題について、2回目ではどの部分に集中して聞くべきかの目安を立てておくようにしたい。

放送文の量

かなり長い音声を聞かなくてはならないのが東大リスニングの特徴である。(A)、(B)、(C) それぞれのセクションにつき、500語程度の英文が放送されると考えておけばよいだろう。ある程度の長さの英語音声に慣れるために、普段からリスニング対策書、海外のニュースやドラマ、インタビューなどの音声に触れておきたい（**Strategy 5**参照→p. 14）。また英語を語順の通りに素早く理解する必要がある点はリーディングと同様であり、リーディング力をはじめ総合的な英語力の強化も欠かせない。語彙はリーディング問題に比べ平易だが、難解な語句やなじみのない固有名詞も登場することがある。しかし、これらを知らないと解くことができないわけではなく、放送文中で語句について説明されていたり、聞き取ることができなくても解答には影響しなかったりする場合が多い。

設問の形式

ここ数年は、(A)、(B)、(C) の3セクションにつき、それぞれ5問の設問（放送内容についての質問、または放送内容についての文を完成させる問題）があり、それへの最も適切な答えを5つの選択肢から選ぶパターンが多い。いずれの場合も、放送文に出てきた語句を含むものを選べば正答できる問題もあれば、聞き取った数字を計算する必要があるなど多少のひねりが加えられた問題もあるため、正確な聞き取りに加え、理解力や思考力も要求される。設問と選択肢は基本的にすべて英文なので、それらを素早く読み、問われていることを正しく理解するリーディング力も、もちろん必要である。

Chapter 1

Strategies

一般的な入試の英語リスニング問題に比べ、かなりの量の英語音声を聞き取らなくてはいけない東大のリスニング問題。それに打ち勝つには、やみくもに音声素材を聞いたり、問題集を解いたりするだけでは不十分です。また、英語リスニングばかりに時間をかけるわけにもいきませんね。ここでは短期間で確実に点を取るためのストラテジー（戦略）を紹介します。

東大英語リスニングを攻略する16のストラテジー

英語のリスニング問題について、「基本的な英語力があれば何とか聞ける」「直前に耳を慣らせば大丈夫」などと考えていませんか？　あてもなく勉強するのではなく、ここで紹介するストラテジー（戦略）を実践して、問題に確実に対応できる実力を身に付けてください。

　東京大学のリスニングは約30分間行われます。配点は発表されていませんが、リスニングに与えられている時間が英語の全試験時間120分中の約30分ですから、4分の1が割かれていることになります。従って、配点も4分の1の30点が割り当てられていると考えられるでしょう。

　もちろん、単純に量をこなせばリスニングに強くなれます。しかし限られた時間しか与えられていない受験生にとって、リスニングだけに多くの時間を割くことはできませんよね。読解や英作文の勉強もしないといけないし、他教科だって気になる。実はリスニングに関しては、勉強をする際のストラテジーと試験を受ける際のストラテジーとが存在します。それらを効果的に押さえれば合格レベルに達することができるのです。だから、心配せずにこの本を信じて、最後までお付き合いください。

リスニングに強くなるための Strategies

　当たり前のことですが、まずは英語のリスニング力を付けていくことが基本です。しかし、同じ音声をいくら繰り返し聞いても、苦手な音が聞き取れるようになる保証はありません。さらに危険なのは、「何となく分かるけど、分からないところもある」という曖昧な状態のまま放っておいてしまうこと。そんな状態に少しでも心当たりがある人は、自分の実力を疑い、自分の弱点をよく知り、それを克服するためのトレーニングを積んでいくようにしてください。ここではそのために必要な5つのストラテジーを紹介します。

Strategy 1

聞き取れない理由を追究しよう！

　膨大な量の音声を聞くことなく、時間的にも労力的にも無駄なく確実に力を付けるにはどうしたらいいか。まず必要なことは自己分析です。「問題を解いてみる→解答と解説を読む→スクリプトを見て納得する」の流れだけで終わってしまっている人はいませんか？　それでは極めてアバウトなリスニング力しか付かず、いつまでたっても細部まで聞けるようになりません。断言します。聞き取れなかった理由を突き止める作業をしないと！　どの部分が聞き取れなかったのか。なぜ聞き取れなかったのか。音が連結していたから？

音の脱落？　速度の問題？　それをとことんまで追究することです。

自分で発音できない音は聞き取れない！

Strategy 2

　音の連結（単語の最後の音と次の単語の始まりの音とがつながる現象）や脱落（つづりにある音が発音されない現象）などについての知識も必要です。また、具体的にどのような連結や脱落が起こるのかを理解した上で、自分でも発音できないとダメです。例えばput it upを「プット・イット・アップ」としか発音できない人に、「プリラァップ」のように発音されたものが聞き取れるわけがありません。つまり、問題に正解したのか不正解だったのかということよりもむしろ、自分が聞いた音声のスクリプトを何度も音読したり、オーバーラッピングやシャドーイングをしたりすることが重要なのです。

　音読というのは、与えられたスクリプトを文字通り声に出して読むことです。その際、音声を繰り返し聞きながら、イントネーションや発音をそれに似せていくことが重要です。オーバーラッピングは、流れてくる音声にぴったり重ねるように英文を音読する練習法です。シャドーイングは、スクリプトを見ずに、流れてくる音声を自分で再現していく練習法です。音声を聞きながら、ほぼ同時進行で自分でもまったく同じように発音しましょう。つまり、音声から1秒か2秒ずつ遅れながら影のようについていくことになります。そうすることで、耳のトレーニングをしながら、同時に発音を良くすることができます。聞きながら話すわけですから、かなりの集中力を必要としますが、効果は抜群です。最初からシャドーイングをしようとせずに、音読やオーバーラッピングを何度もした後で（覚えてしまうくらいスクリプトを頭に入れた状態で）シャドーイングを始めた方がよいでしょう。

音の思い込みは厳禁！

Strategy 3

　音読も、オーバーラッピングやシャドーイングも、自分が思い込んでいる発音（カタカナ的発音）と「実際の音」との間にあるズレを埋めるためのトレーニングです。そのズレを矯正できない限り、正確に聞き取ることはできません。例えば、数字の聞き取りにしてもそうです。twentyを「トゥエンティ」と発音する人は、「トゥエニ」のような、アメリカ英語で一般的な発音が聞き取れません。東京大学の入試では数字が問われることもよくありますので、基本的な語であっても「音の知識」に関してはじっくり学び、体得しておかないとダメです。「この単語はこういう音だ」という自分勝手な思い込みは非常に危険なのです。

ディクテーションでは細かい部分にこだわろう!

Strategy 4

音読やオーバーラッピング、シャドーイングのほかに、じっくりと時間をかけて取り組んでほしいのがディクテーションです。

まず、音声を少しずつ止めながら紙に書き留めていきます。何度も何度も同じ部分を聞きながら紙に書いていくのですね。

何度聞いても分からない部分は、聞こえた通りにカタカナで書き留めます。例えば Let's not rule out the possibility he is just lost. という文が流れて、一部が聞き取れなかったとします。**Strategy 1** でも述べたように、聞き取れない原因を追究することが重要なのですが(Let's not や rule out という表現を知らなかったのか、the possibility he is just lost の文構造が理解できなかったのか)、それはさておき、スクリプトを見る前にまずは何度も聞いて書き出します。仮に「Let's not ルーラウダ possibility his just lost.」と書き取ったとしましょう。問題はこの後です。

ルーラウダと聞こえた箇所が rule out the であることを認識することが重要なのです。さらに辞書などで rule out を引いて意味を確認し、知識を増やしましょう。意味を知らない語句を聞き取れるはずがありませんからね。さらに冠詞も重要です。三人称単数現在形の s や複数形の s などもそうですが、弱く発音されることが多い箇所は、気を付けることによって聞こえるようになってきます。肝心なのは、スクリプトを見たとたん、「ルーラウダ」の音を頭の中で「ルール・アウト・ザ」に戻さないことです。

ついでに、his just lost の部分は文法的に明らかにおかしいですよね。音がそう聞こえたとしても、紙に書き出したものを後から見直すことで間違いを修正できるはずです。そして修正した後はさらに何度も聞きましょう。

長い英語音声を聞く基礎体力を養おう!

Strategy 5

設問を頭に入れて、記憶力も使いながら長い音声を聞くためには、集中して英語を聞くことに慣れておかなければなりません。短期間でリスニング力をアップさせるコツを身に付ける一方で、やはり普段から長めの英語音声を聞いてリスニングの基礎体力を養成することは大事です。そのためには、聞き流すだけになってはいけません。情報を拾っていく聞き方をするために、スクリプトが付いていて、理解しやすい内容の素材からスタートし、少しずつ長いものを聞けるように慣らしていくことです。易しめの素材では、例えばアルクの『VOA ニュースフラッシュ』、レベルを上げるなら月刊誌の『English Journal』などは、使いやすく内容にも興味が持てる教材だと言えます。東大の英語リスニングに特化した形の素材ではありませんが、それでも長い時間聞き続けるという練習には十分なり得るものだと思います。

テストに強くなるための Strategies

Strategies

　基礎体力としてのリスニング力を付けていく一方で、問題を解くのに適した聞き方を磨いていく必要があります。過去の問題を見ると、設問の形式は少しずつ変わっていますが、「事前に分かる情報はしっかり押さえておく」「必要な要素を拾うように聞く」という対処法は、どんな出題内容であっても基本的に変わらないはずです。ここでは、過去の問題に共通するポイントとともに、どんな問題にも応用可能なストラテジーを紹介します。

Strategy 6

試験開始の合図と同時にすべきこと

　東大の英語の試験が始まったら、必ずしなければならないことがあります。それは、第1問を解き始めることではありません。リスニング問題をチェックすることです。リスニング問題は試験が45分経過したころから始まりますが、それまでに「予習」をしておかねばなりません。問題文そのものが正解を導くヒントになるからです。問題文からは「放送文のテーマ」「問われる内容」「話題の展開」「放送文に登場するであろう語句」などの情報を得ることができるんですね。それらを事前に調べて知っておく人とそうでない人との間に、大変な差ができるのは言うまでもありません。

Strategy 7

設問からヒントをつかもう!

　試験開始の合図が鳴ったら、まずはリスニングのページ（試験全体の3番目のセクション）を開きます。そしてリーディング問題を解くときと同じような要領で、与えられている情報をすべてチェックします。何についての話なのかを知ることが重要だからですが、それ以外にも理由があります。東大のリスニング問題では、設問の順番が話の流れとおおむね一致しているため、設問の流れから話の筋が見えることがあるのです。つまり、設問がパラグラフの切り替わりを知るヒントにもなります。リーディングの際にはパラグラフが目に見えますから、「話題の変わり目」が分かりやすいわけですね。ところがリスニングの場合、慣れていないとどこからが次のパラグラフなのか分かりません。「ここから次のパラグラフに移ったな」と分かれば、当然、そこから新しい話題が展開されると意識でき、非常に理解しやすくなります。それを設問から事前に読み取れる可能性があるのですから、設問がいかに重要なヒントなのかが分かるでしょう。

Strategy 8

答えを待ち構える姿勢で聞こう!

　何度も練習していると分かってくることですが、放送を聞いてから答えを考えるという姿勢ではなく、設問を読んである程度の内容を推測し、その推測に従って答えを待ち構えるような姿勢で聞くことが重要です。例えば2019年のリスニング(A)で出題された次の問題を見てみましょう。

Which of the following best describes the chief goal of team sports for school systems?

　　a) They want students to become good citizens.
　　b) They want students to obey rules and respect authority.
　　c) They want students to practice fair play.
　　d) They want students to show consideration for others.
　　e) They want students to value teamwork.

　問われているのは、「学校制度にとってのチームスポーツの主な目標を最も適切に説明しているのは、次のうちどれか」ですね。それぞれの選択肢は、a)「学生たちによい市民になってほしい」、b)「学生たちに、規則に従い、権威を敬ってほしい」、c)「学生たちにフェアプレーを実践してほしい」、d)「学生たちに他者への配慮を示してほしい」、e)「学生たちにチームワークを大切にしてほしい」ということですから、放送文を聞かなくても、話に「チームスポーツ」や「学校制度」「学生たち」が登場することが分かります。

　また、この設問は(A)の4つ目の小問なのですが、その点からも、おそらく放送の後半に答えに当たる箇所が出てくるはずだと予想できます。東大入試ではおおむね、5つの設問で問われることの順序は、放送に登場する順序と一致するからです。

　さらに、(A)の2つ目の小問にはancient sportsという語句が、5つ目の小問にはmodern team sportsという語句が使われていることに着目すれば、放送文の流れがある程度予想できるはずです。

Strategy 9

メモは必要な場合のみ！

　メモについて重要なのは、聞こえてくるほとんどのことをメモしようとしてはダメだということ。必要なこと、あるいは必要だと思われることだけをメモする姿勢が重要なんですね。問題文に目を通し、だいたいの内容をつかみます。そして、必要になりそうなことだけをメモし、それ以外は音だけに集中して記憶に留めます。メモすることに集中力を使い過ぎると、書いている間に流れてきたことを聞き逃すことになりかねません。放送は2回ずつ流される（かつては3回のときもありました）ので、2回の間にじっくりと内容を聞き込むことです。メモを取ることにこだわる必要はありません。本書の問題を解くときには、必要なことだけをメモしたかを、解答した後にチェックしてみるといいでしょう。何が必要な情報なのかというメモのコツが、だんだんつかめてくるはずです。また、聞く力が上がると、メモはそれほど必要ではないことが分かるでしょう。

Strategy 10

焦りは最大の敵！

　途中で分からなくなっても焦らないことです。聞き取れないことにショックを受け、立ち直れなくなる受験生がいます。一度気持ちが負けてしまうと、後は頭が真っ白になったまま英文が流れていくだけです。東大のリスニングは、クリアな音のアメリカ英語だけが放送されるわけではありません。イギリスなど他地域の英語が放送されることもあり、受験生たちにとっては、慣れていないため聞き取りにくいようです。そのような「聞き取りにくさ」のために精神的に追い詰められて冷静さを失い、聞けるものまで聞けなくなってしまったりするのですね。

　東大入試の場合、過去の問題傾向からすると、内容全体について考えさせるような問題は少なく、話題のまとまりやパラグラフごとに内容を問う問題が多いのです。だから聞けなかった部分があったとしても、その部分は2回目の放送時に頑張って聞くことにして、その続きから集中して取り組めば大丈夫。ナレーターが一呼吸置いたところで、皆さんも気を取り直してください。焦りは禁物ですよ。

「主張→理由」のパターンを押さえ、話の流れを予測！

　リーディング問題のスクリプトを読むと、ほとんどの文章が「筆者の主張→理由付け→主張の再確認」といった流れになっていることが分かるでしょう。例えば、第1パラグラフでは筆者の言いたいことや中心的トピックを提示し、第2パラグラフではその具体例を挙げたり誰かの言葉を引用したりしながら、主張について理由付けを行います。そして最終段落でもう一度筆者の主張をまとめる、といった具合に進むのが定石パターンです。また、こうした文章全体の流れだけでなく、各パラグラフの中を見ても、抽象的な投げ掛けをした後で具体的な説明が続くといった展開を随所に見ることができます。

　リスニングでも同じことが言えます。特に講義問題では科学分野などの論理的説明が出題されることが多く、たいていは話者の言いたいことが最初に述べられて、その後にその主張について理由付けがなされます。上で述べたように、具体的な研究結果や科学者の言動が例示されたりもします。主張が述べられた後には、その理由付けが続くはずだと予測しながら聞くことによって、全体を理解することがより容易になるでしょう。

自分の答案に自信を持とう！

　当然のことですが、リスニングは放送が終わってしまえば聞き直しができません。ところが放送が終わってからあれこれと考えてしまって、自分の答案を直してしまう人がいます。これが無意味なのは本人にも分かっているのですが、どうも自信がないものだから、放送内容の確認ができない状況なのに直してしまって、余計に間違えてしまうのですね。リーディングやライティングにおいては一度作成した答案を見直すことが非常に重要ですが、リスニングでは一度選んだ答えは直すべきではありません。放送中に何となくでもそう聞こえたのであれば、その「何となく」に対して自信を持ちましょう。実はリスニングでは、その「何となく」も大事な要素なのです。

より確実に点を取るための Strategies

ここまで把握できたら、あと少し、本番に強くなるためのコツをつかめば完ぺきです。すべてのストラテジーを、35ページからのTrial Testsを解く前にしっかり読み、また解いた後にも読み返すようにしてください。初めは「どうやったら長い音声が聞けるようになるんだろう？」と思っていたあなたも、全ストラテジーが身に付くころには、必要な要素をうまく聞き取ることができるようになっているはずです。

Strategy 13

過去の問題を解いて出題傾向を知ろう！

Strategy 5で述べたように、リスニングの基礎体力を付けるのは非常に重要なことですが、何よりしなければならないのは過去に出題された問題を何年分か解いて傾向を知ることです。同じものが出題されることはあり得ませんが、それでも出題傾向は似たものになりがちです。例えば、放送文に出てきた数字（簡単な計算が必要なこともある）が出題される、放送文に出てきた表現が、選択肢では別の表現に言い換えられる、といったような傾向はだいたい毎年同じです。過去の問題から大まかな傾向をつかんでおくことで試験に臨むときの緊張感も和らぎますので、しっかりやっておきましょう。

Strategy 14

ディスコースマーカーから話題の転換点をつかもう！

講義であろうと会話であろうと、リーディング問題のパラグラフと同様に音声にも「話題の変わり目」が存在します。東大入試の設問はそうした話題の一つ一つについて細かく問うものが多いので、全体を何となく聞いて概要をつかむだけではダメです。集中して話題の流れをつかみ、必要な情報を拾っていくような聞き方をしなければなりません。話題の転換点に注意を払うことが必要です。

話題の転換点にはディスコースマーカーと呼ばれる語句が存在します。for example（例えば：例示）やon the other hand（一方で：対比）などはよく使われる例ですね。そういった語句が出てきたら、「パラグラフが変わったんだな」「このパラグラフは前のパラグラフとの対比だな」といった判断をする習慣を付けることです。

一般論で判断するのは危険！

Strategy 6 で、試験開始後すぐにリスニング問題をチェックするように
と書きましたが、その際には先入観を持たないことが大事です。例えば、「新
しいタイプの身分証明書」に対するコメントやさまざまな国の姿勢などにつ
いての問題だったとしましょう。その際、現在の身分証明書に対する先入観
や一般論を根拠に解答する受験生が少なからずいます。つまり、現在の身分
証明書に関する常識的な考え方を基にして選択肢をチェックしてしまうので
すね。それでは正解にたどり着くことなんてできっこありません。リスニング
の問題は、放送を聞き取れているかを試すものだからです。一般論や自分なり
の価値観を頭から削除して、放送の中に出てくる事柄を集中して聞くこと
が重要です。

自分の可能性を信じて！

何よりも有効なストラテジーがあります。自分の可能性を信じて継続する
というものです。文法や単語などの「覚える学習」は進度や効果を実感しや
すく学習を継続しやすいのですが、リスニングはリーディングと同様の「積
み重ね学習」であるため、結果がなかなか出ないことで挫折してしまいがち
です。でも、ある程度の量をこなさないと正確な聞き取りをすることは不可
能なのです。

最初は聞き取れなくてイライラすることもあるかもしれませんが、絶対に
自分は聞けるようになって、あの東大で英語の授業を受けるんだという意識
を持ちましょう。どんな方法を使っても自分のモチベーションをキープするこ
と！ それが何よりのストラテジーなのです。受験生の皆さん、頑張ってくだ
さいね。応援しています。

Chapter **2**

Exercises

東大の英語リスニングに必要な16のストラテジー、十分理解できましたか？ ここからは、頭で分かった理屈を、問題に取り組みながら実際に活用していきましょう。本章では、本番と似た形式で負担が軽めの問題を、3問用意しました。音声を聞いて問題を解き、各ストラテジーを試験でどのように生かせばよいかを確認してください。

Exercisesの使い方

▶問題を解く

1. まずは音声を聞いて問題を解きましょう。「🎧01」は、「ファイル番号01の音声を再生する」という意味です。本試験では同じ音声が2回放送されますが、本書の各音声ファイルには、それぞれ1回しか収録されていません。本試験に近い形で問題を解くため、以下の点に注意してください。
   ■音声ファイルの先頭で一時停止しておきます。
   ■音声を聞く前に1分間、設問に目を通してください。質問文と選択肢を見ながら、テーマは何なのか、どんなことが問われるのかを確認します。
   ■1分たったら、音声を再生させて問題を解きます。再生が終わったら、もう一度音声の先頭で一時停止させます。この状態で選択肢を選びます。
   ■1分ほどたったら音声を再生させて、もう一度聞きましょう。再生が終わったら音声を止めて解答を確定させます。

2. 設問の下にある**Task 1**に進みます。設問からどこまで予測することができたか、ここでチェックしましょう。

▶解答と解説を確認する

1. 解答と解説のページに進み、答え合わせをします。間違えた問題は正解を確認し、正解だった問題も、確信がなければ解説を読んで正解の理由を確認しましょう。ただし、この時点では次ページのスクリプトをできるだけ読まないことが大切です。文字で理解してしまったら、耳から情報を得るトレーニングの効果が半減してしまいます。

2. 解答と解説の下にある**Task 2**に進みます。解説を読んだ状態でもう一度音声を聞き、耳でその内容を確認しましょう。

▶スクリプトをよく読む

1. スクリプトに目を通し、不正解だった問題のヒントがある部分から問われなかった部分に至るまで、正確に英文を理解します。

2. スクリプトの下にある**Task 3**に進み、内容と発音を徹底的に理解しましょう。
   ※英文には架空の内容も含まれます。

(Exercise 1)

左ページの「Exercisesの使い方」をしっかり読んだら、
早速1問目に挑戦しましょう。

🎧 01

これから放送するのは、カナダにおける、ある問題についての報告である。放送を聞き、(1) 〜
(3) の問いに対して、それぞれ最も適切な答えを一つ選べ。

(1) **What is the main topic of this report?**
- **a)** Training watchdogs.
- **b)** The arrest of a 12-year-old girl.
- **c)** The results of studies on illegal activities.
- **d)** Canada's crime rate for the past 15 years.
- **e)** A comparison between Canadians and others.

(2) **What percentage of illegal downloading was reportedly done by people between the ages of 12 and 24?**
- **a)** Exactly 22 percent.
- **b)** Roughly 25 percent.
- **c)** About 50 percent.
- **d)** Around 70 percent.
- **e)** Nearly 75 percent.

(3) **Why does the speaker not agree with the researchers' conclusion?**
- **a)** Because the poll was paid for by Music Canada.
- **b)** Because he believes young people are innocent.
- **c)** Because the poll was conducted 15 years ago.
- **d)** Because the connection between the results of the two polls is not clear.
- **e)** Because other age groups were not taken into consideration.

Task 1　設問からヒントをつかむ

設問から次のようなことが予測できたか、チェックしましょう。

- ☐ 質問文や選択肢中の単語から、「犯罪」「調査」といったトピックが予想できる。
- ☐ テーマは初めの方で話されるはずだ。
- ☐ パーセンテージに関わる数字を書き留めなければならない。
- ☐ 話者は調査団体の結論に賛同していないようだ。

(1) 正解：c)

この報告の主題は何か。
a) 番犬の訓練。 b) 12歳の少女の逮捕。 c) 違法行為についての調査結果。
d) カナダの過去15年の犯罪率。 e) カナダ人とそれ以外の人の比較。

解説

冒頭の2文目までを聞き取ることができれば、「カナダでの違法ダウンロード」について話されていることが分かる。その後、違法ダウンロードおよび万引きについての調査結果を中心に話が進んでおり、c) が正解。

(2) 正解：d)

報告によると、違法ダウンロードのうち何％が、12歳から24歳の間の人々によるものであったか。
a) ちょうど22％。 b) およそ25％。 c) およそ50％。
d) およそ70％。 e) 75％近く。

解説

percentという語に注意して聞こう。about 70 percent of illegal downloads ... between the ages of 12 and 24（不正ダウンロードのうち約70％は、12歳から24歳の間の……）の部分から正解が分かる。

(3) 正解：d)

この話者はなぜ、この調査をした団体の結論に同意しないのか。
a) その世論調査がミュージック・カナダの出資で行われたから。
b) 若者に罪はないと信じているから。
c) その世論調査が15年前に行われたものだから。
d) 2つの世論調査の結果の関連性が明確でないから。
e) 別の年齢の集団が考慮に入れられていなかったから。

解説

話者は世論調査の結果について言及した後、最後にthere is no solid connection between illegal downloads and shoplifting（違法ダウンロードと万引きには確固とした関連性はない）と言っているので、d) が正解。

Task 2　設問のポイントを確認する

解答と解説を読んだら再度音声を聞き、解説で触れられている箇所を確認しましょう。4〜5回聞いても分からなければ、無理をしないで次ページのスクリプトに進んでください。また、問題の正解・不正解にかかわらず、「この部分は何と言っているのだろう」と感じる部分があったら心に留めておきましょう。メモを取っても構いません。

▶スクリプトと訳

(Exercise 1) 🎧 01

① After demanding thousands of newsworthy arrests, including that of a 12-year-old girl, the Recording Industry Association of America has managed to make itself look rather silly. Canadians have been watching the U.S. battle against illegal music downloads with smug interest, shaking their heads and saying, "Only in the USA."

② But what some Canadians don't realize is that they have their own music industry watchdog in the form of Music Canada. This nonprofit trade organization recently released studies suggesting that downloads are causing young people to turn to crime.

③ The group sponsored two recent polls. The first showed that about 70 percent of illegal downloads in Canada are made by young people between the ages of 12 and 24. The second said that 6 percent of young Canadians might consider taking clothing from a shop without paying for it, while only 2 percent of older Canadians said the same thing. The study suggests that downloading music leads youths to believe that anything you can take is free.

④ Should Music Canada begin arresting 12-year-olds, like its U.S. counterpart? Not quite yet. These so-called studies have left out some important details. It is equally likely that the high download numbers among younger Canadians are simply due to the fact that they spend more time using computers. Similarly, if the second poll were conducted 15 years ago, would the results have been any different? We can only guess. While the numbers may look meaningful, there is no solid connection between illegal downloads and shoplifting.

Task 3　スクリプトを自分のものにする

聞き取れなかった部分がはっきりしましたか？　設問以外でも聞き取れないと感じた部分はすべてチェックしましょう。単語は聞こえたけれど文意が取れなかったのか、単語や表現の意味を知らなかったのか、発音が聞き取れなかったから間違えたのか、間違えた原因を徹底的に追究してください。その後、音声をよく聞いて全文を音読し、自分の発音をお手本に近づけていきましょう。

①12歳の少女を含め、話題を呼んだ数千件の逮捕を要求した後、全米レコード協会は不覚にも自らをむしろ愚かしく見せてしまうこととなりました。カナダ人は、アメリカの音楽の違法ダウンロードとの戦いを、首を横に振り「アメリカだけのことだ」と言いながら、独善的な興味とともに見守り続けてきました。

②しかし、一部のカナダ人が認識していないのは、彼らにはミュージック・カナダという、独自の音楽産業の見張り番がいるということです。この非営利の業界団体は最近、ダウンロードが若者を犯罪に走らせていることを示唆する調査を発表しました。

③この団体は最近、スポンサーとして2つの世論調査を行いました。1つ目の調査では、カナダにおける違法ダウンロードのうち約70%は、12歳から24歳の間の若者によって行われていることが示されました。2つ目の調査によると、カナダの若者の6%は、店舗から服を、代金を支払わずに持ち出すことを考える可能性があり、一方で、年配のカナダ人で同様のことを言ったのは、たった2%でした。この調査が示唆しているのは、音楽のダウンロードは、手に入るものすべてが無料であると若者に信じさせてしまう、ということです。

④ミュージック・カナダは、アメリカと同じように12歳の人物を逮捕し始めるべきなのでしょうか。まだそういう段階ではないでしょう。これらのいわゆる調査報告は、幾つかの重要な点を見逃しています。カナダの若者によるダウンロード件数の多さは、単に彼らがコンピューターの使用に時間をより費やしている事実に起因する可能性も同程度考えられる、ということです。また同様に、前述の2つ目の調査が15年前に行われていたとしたら、結果は違ったのでしょうか。私たちは推測することしかできません。そうした数字は意味があるように見えるかもしれませんが、違法ダウンロードと万引きには確固とした関連性はないのです。

この Exercise で特に意識したい Strategies

Strategy 1 聞き取れない理由を
追究しよう！

Strategy 2 自分で発音できない音は
聞き取れない！

Strategy 11 「主張→理由」のパターンを押さえ
話の流れを予測！

(Exercise 2)

Exercise 1はいかがでしたか？
十分復習できたら、2問目をスタートしましょう。

🎧 **02**

これから放送する災害のリポートを聞き、（1）～（3）の問いに対して、それぞれ最も適切な答え
を一つ選べ。

(1) According to the report, which of the following statements is true?
- **a)** As many as 2,000 people have been injured in Indonesia's largest city.
- **b)** A large fire has destroyed a city on the west coast of Sumatra.
- **c)** Wind speeds of 200 kilometers per hour were recorded.
- **d)** Indonesia's worst disaster in a decade has struck a west coast city.
- **e)** Hundreds of people remain separated from their families.

(2) Which of the following factors is NOT mentioned as a problem?
- **a)** The damage to roads.
- **b)** The panic of local residents.
- **c)** The continuing rainfall.
- **d)** The lack of space for the injured.
- **e)** The shortage of needed supplies.

(3) Why have supplies been slow to arrive?
- **a)** Because damage to the airport has stopped planes from landing.
- **b)** Because pirates are attacking the shipments.
- **c)** Because traffic accidents are preventing them.
- **d)** Because cyclones have damaged Japan's helicopters.
- **e)** Because the international response has been delayed.

Task I　設問からヒントをつかむ

設問から次のようなことが予測できたか、チェックしましょう。
- ☐ 災害について語られている。テレビやラジオのニュース番組だろう。
- ☐ 災害に関する数字が出てくるようだ。
- ☐ 災害が引き起こした問題についての言及があるようだ。
- ☐ 救援物資について言及する部分があるはずだ。

（1）正解：d)

リポートによると、次の記述のうち正しいものはどれか。

a）インドネシア最大の都市で、2000人もの人々が負傷した。
b）大火災がスマトラの西海岸の都市を破壊した。
c）時速200キロメートルの風速が記録された。
d）インドネシアにおいてこの10年で最悪の災害が、西海岸の都市を襲った。
e）何百人もの人々が、家族と離れたままになっている。

解説

リポートの冒頭文 The cyclone that struck ... in Indonesia last night is being called the country's worst disaster in 10 years.（昨夜インドネシアの……を襲ったサイクロンは、同国におけるここ10年で最悪の災害だと言われている）から、d) が選べる。

（2）正解：c)

次の要因のうち、問題として言及されていないものはどれか。

a）道路の損傷。　　b）現地の人々のパニック。　　c）降り続いている雨。
d）負傷者のためのスペースの不足。　　　　e）必要な補給物資の不足。

解説

選択肢のうち4つは登場するはずなので、聞こえるごとに消していこう。雨が降り続いているという言及はない。

（3）正解：a)

補給物資はなぜ到着が遅くなっているのか。

a）空港の被災により、飛行機が着陸できないでいるから。
b）海賊が荷物を襲っているから。
c）交通事故によって妨げられているから。
d）サイクロンにより、日本のヘリコプターが損傷を受けているから。
e）国際的な反応が遅れているから。

解説

最終段落の severe damage to the local airport has slowed shipments（地元の空港の深刻な被災によって、配送が遅れている）以降の部分から、正解が分かる。

Task 2　設問のポイントを確認する

Exercise 1のときと同じように、音声を再度聞いて正解の根拠となる部分を探しましょう。音声に出てきた語句が質問文や選択肢で言い換えられている場合もあるので、注意してください。スクリプトを見たくてもここでは少し辛抱し、耳で言葉を捉えることに慣れていくようにしましょう。ここでしばらく粘ることにより、次の確認作業が生きてきます。

▶スクリプトと訳

(Exercise 2) 🎧 02

① The cyclone that struck Sumatra's west coast city of Padang in Indonesia last night is being called the country's worst disaster in 10 years. Authorities estimate that as many as 2,000 people may have been killed and thousands more may have been injured or be missing in the country's third-largest city. They say the toll could be much higher.

② The cyclone came ashore last night as a destructive storm with winds of 180 kilometers per hour. The damage to the city was extensive. Authorities report widespread power outages, property damage and local flooding in the storm's wake. A huge number of people have been made homeless. Many of them are children separated from their families.

③ Panic among residents also caused problems, as thousands of people fled toward higher ground. Many of the people fleeing the scene had already been injured or were carrying injured family members. Damage to roads created traffic jams, as people simply left their cars and motorcycles on the road to walk. Hospitals able to remain open are having trouble coping with the number of injured people.

④ Rescue efforts have already begun, although severe damage to the local airport has slowed shipments of much-needed water, food and medical supplies. Singapore has already sent supply shipments and personnel by sea, with Japan and the United States sending rescue equipment and aid workers by helicopter.

Task 3 スクリプトを自分のものにする

Task 2ではっきり聞き取れなかったモヤモヤは解消されましたか？　スクリプトを見る際は、どんな英文が流れたのかを確認して安心するのではなく、さっきまではどう聞こえていたのか、自分がつづりから思い浮かべた音（思い込みの発音）とどのように違っていたのかをしっかりと認識しましょう。そして、その差を埋めるように、音読やオーバーラッピング、シャドーイングを行ってください。

①昨夜インドネシアのスマトラ島西海岸の都市パダンを襲ったサイクロンは、同国におけるここ10年で最悪の災害だと言われています。当局者たちは、この国で3番目に大きい都市で、2000人もが命を落とした可能性や、数千人以上が負傷したか行方不明になっている可能性があると見積もっています。彼らは、犠牲者数はもっと多い可能性があると述べています。

②サイクロンは昨夜、時速180キロメートルの風速を持つ、破壊的な嵐として上陸しました。街に与えた損害は甚大でした。当局者たちは、広範囲におよぶ停電、家屋の損壊、そして一部地域での洪水を、この嵐による被害として報告しています。膨大な数の人々が家を失っています。その多くは家族と離れ離れになった子どもたちです。

③住民間のパニックもまた問題を引き起こしました。数千もの人々が高い土地に避難したのです。そうして被災地を逃れてきた人たちの多くは、すでに負傷している人や、負傷した家族を運んでいる人でした。道路の損傷で交通渋滞が起き、人々はあっさり車やオートバイを道路に捨てて歩く有様でした。開業できている病院は、こうした大勢の負傷者たちへの対応に苦労しています。

④地元の空港の深刻な被災によって、非常に必要とされる水や食料、医療品の配送が遅れていますが、救助隊の活動はすでに始まっています。日本とアメリカが救急器具や救助隊員たちをヘリコプターで送る一方で、シンガポールはすでに補給物資や人員を海から送っています。

この Exercise で特に意識したい Strategies

Strategy 3 音の思い込みは厳禁!

Strategy 7 設問からヒントをつかもう!

Strategy 8 答えを待ち構える姿勢で聞こう!

(Exercise 3)

これが最後のExercise。解いて答え合わせをするだけでなく、
しっかりとTaskをこなしていきましょう。

🎧 03

これから放送するのは、**Exercise 2のリポートに続く、ニュース番組でのやりとりである。放送を
聞き、(1)～(3)の問いに対して、それぞれ最も適切な答えを一つ選べ。**

(1) According to Tim Baxter, which of the following is the most important thing to do now?
- **a)** Repair the damage to old buildings.
- **b)** Get details of how many people are injured.
- **c)** Get the electricity and water running.
- **d)** Collect money for aid.
- **e)** Find the missing people.

(2) How are aid workers coping with the lack of space in hospitals?
- **a)** They are calling for army assistance.
- **b)** They are setting up temporary clinics.
- **c)** They are ordering more hospital beds.
- **d)** They are asking people to open up their homes.
- **e)** They are airlifting victims to nearby countries.

(3) How many hospitals can be considered fully functional?
- **a)** One.
- **b)** Two.
- **c)** Three.
- **d)** Four.
- **e)** Five

Task 1　設問からヒントをつかむ

設問から次のようなことが予測できたか、チェックしましょう。
- ☐ 災害の対処の現状について語られるようだ。
- ☐ Tim Baxterという人物が登場するらしい。どんな人物だろうか。
- ☐ 救援隊の活動内容に注意を払う必要がある。
- ☐ 数字に注意。数字は計算する必要があるかもしれない。

(1) 正解：c)

ティム・バクスターによると、今すべき最も重要なことは次のうちどれか。

a) 古い建物の損傷を直す。   b) 何人が負傷したかの詳細をつかむ。
c) 電気と水道を稼働させる。   d) 義援金を集める。
e) 行方不明の人を見つけ出す。

解説

バクスターの最初の発言に注意。電気や水が利用できるよう努力をしていると述べた後で、That is our first priority right now.（それが私たちにとって目下の最重要事項）と言っているので、c) が正解。放送文のpriorityが、設問ではthe most important thing to doで言い換えられていることに注意。

(2) 正解：b)

救援隊は病院のスペース不足にどのように対処しているか。

a) 軍の援助を求めている。   b) 臨時の診療所を設置している。
c) 病院のベッドをさらに注文している。   d) 人々に自宅の開放を求めている。
e) 被災者を近隣の国へ飛行機で送っている。

解説

バクスターの2つ目の発言にあるWe are trying to set up treatment centers（治療施設を設置しようとしている）から、b) が正解。

(3) 正解：b)

幾つの病院が完全に機能していると考えられるか。

a) 1つ。 b) 2つ。 c) 3つ。
d) 4つ。 e) 5つ。

解説

バクスターが、we currently have five hospitals running on backup generators, but three of those have been partially damaged（現在、5つの病院を補助発電機で稼働させているが、このうち3つは部分的に損傷している）と言っていることから、完全に機能している病院は2つと考えられる。

Task 2　設問のポイントを確認する

これまでと同様、できるだけスクリプトを見ずに音声を再度聞きましょう。数字の問題は、それぞれの数字と、それが表すものがきちんと聞き取れたかをすべてチェックしましょう。特に聞き取りが難しいと感じた部分についてディクテーションをしてみてください。何回聞いても無理だと思ったら、スクリプトを確認しましょう。

▶ スクリプトと訳

(Exercise 3) 🎧 **03**   Anchor 🇺🇸   Tim Baxter 🇺🇸

Anchor: We have with us today Tim Baxter, a disaster specialist working in Indonesia and former member of the United States Federal Emergency Management Agency. Tim, just how bad is the damage?

Tim Baxter: Well, it's still too early to really give exact details. What we do know is the damage is especially bad in older neighborhoods, where buildings aren't as strongly built. There may also not be electricity or water for several days, but we're working on that. That is our first priority right now.

Anchor: Now, we know there are going to be a lot of injured people coming in. What kind of treatment centers are available, and is there going to be enough space for the injured?

Baxter: Well, as you've said, there are more and more injured arriving all the time. A lot of hospitals and clinics are completely out of commission. We are trying to set up treatment centers for less seriously wounded people, and we currently have five hospitals running on backup generators, but three of those have been partially damaged, so it hasn't been easy.

Anchor: We've heard that Japan and the U.S. have sent relief workers. Has any other aid been received so far?

Baxter: Yes, those two countries and Singapore have sent aid so far, but I've heard that Australia, China and Thailand are also trying to pull something together. Hopefully some of that will be here soon, but the damage to the highways has made relief efforts slow.

Task 3　スクリプトを自分のものにする

ディクテーションの結果はどうでしたか？　冠詞や単複の間違い、音が似ている語句の聞き間違いなど、ディクテーションすることで初めて気付くミスがあるはずです。すべてをディクテーションするのは負担が大きいので、部分的に取り組むとよいでしょう。そして今回も音読やオーバーラッピング、シャドーイングの練習を忘れずに行ってください。Exercisesで取り組んだTaskの流れをよく見直して、これから解く本番形式のTrial Testsに生かしてください。

アンカー：本日はインドネシアで活動する災害の専門家で、全米緊急事態管理局に所属していたティム・バクスターさんをお呼びしています。ティムさん、損害はどれだけ深刻なのでしょうか？

ティム・バクスター：そうですね、正確な詳細を実際にお伝えするのは、まだ早すぎるでしょう。私たちが知っているのは、歴史の古い地域で特に損害が大きいということで、こうした地域では建物があまり強く建てられていません。電気や水が数日間利用できない可能性がありますが、私たちはそれを何とかしようとしています。それが私たちにとって目下の最重要事項なのです。

アンカー：今や、たくさんの負傷した人々がやって来そうだと分かっています。どんな治療施設が利用できるのでしょうか。また、負傷者たちのためのスペースは足りるのでしょうか？

バクスター：そう、あなたがおっしゃった通り、負傷者が続々と、途切れることなく到着しています。多くの病院や診療所は完全に使用不能となっています。私たちは負傷の度合いの深刻でない人々のための治療施設を設置しようとしており、現在、5つの病院を補助発電機で稼働させていますが、このうち3つは部分的に損傷していて、容易には進んでいません。

司会者：日本とアメリカが救援隊を送ったそうですね。現在までに、ほかに何か援助は届けられているのでしょうか？

バクスター：ええ。これまでその2カ国とシンガポールが援助を送っていますが、オーストラリア、中国、タイも、物資を集めようとしているそうです。幸いなことに、そのうち幾つかはすぐここに到着しますが、主要道路の損傷が救援活動を鈍らせています。

この Exercise で特に意識したい Strategies

ディクテーションでは細かい部分にこだわろう！

答えを待ち構える姿勢で聞こう！

メモは必要な場合のみ！

Chapter 3

Trial Tests

ストラテジーとその実践の仕方が
理解できたら、あとは練習を重ね
るのみ。標準的なレベルから、か
なりの難問まで、本試験10回分
に相当する問題を用意していま
す。本番と同じように制限時間
を設け、緊張感を持って問題を
解いてください。大事なのは弱
点を明らかにして克服すること。
5セットを解きっぱなしにするよ
り、1セットを完璧に仕上げるこ
とが大切です。

Trial Testsの使い方

▶問題→解答と解説→音読

1. 問題を解き、答え合わせをして、音読やオーバーラッピング、シャドーイングといったトレーニングを行う流れは**Exercises**と同様です。以下の点を確認し、本番に近い形で問題を解くようにしてください。
   - ■音声ファイルの先頭で一時停止しておきます。
   - ■音声を聞く前に5分間、設問に目を通してください。質問文と選択肢を見ながら、テーマは何なのか、どんなことが問われるのかを確認します。
   - ■5分たったら、音声を再生させて問題を解きます。再生が終わったら、もう一度音声ファイルの先頭で一時停止させます。この状態で選択肢を選びます。
   - ■3分ほどたったら音声を再生させて、もう一度聞きましょう。再生が終わったら音声を止めて解答を確定させます。(A)、(B)、(C) すべてこの要領で問題を解いていきましょう。

2. 復習の仕方については「**Chapter 2 Exercises**」(pp.21〜34) を参照してください。
   - ■解説ページ冒頭の［設問から得られるヒント］［設問ごとのリスニングポイント］は、放送文を聞く前に設問から読み取れる内容を示しています。**Exercises**の**Task 1**でのチェックと同様、受験スキル向上のために活用してください。
   - ■続いて、1問ごとの解説を確認します。読んで理解したら、**Exercises**の**Task 2**と同様、できるだけ音声のみで理解できるよう繰り返し音声を聞きましょう。
   - ■最後にスクリプトと訳を確認し、**Task 3**のときと同じように、音読やオーバーラッピング、シャドーイング、ディクテーションの練習を行いましょう。
   - ■各**Trial Test**の難易度は以下の通りです（★★★……入門レベル／★★★……本試験相当レベル／★★★……難問レベル）。
     ※英文には架空の内容も含まれます。

	難易度
Trial Test 1	★★★
Trial Test 2	★★★
Trial Test 3	★★★
Trial Test 4	★★★
Trial Test 5	★★★
Trial Test 6	★★★
Trial Test 7	★★★
Trial Test 8	★★★
Trial Test 9	★★★
Trial Test 10	★★★

🎧 04

(A)

これから放送するのは、オペラをめぐっての **Macy** と **Jason** の会話である。これを聞き、(1) ～ (5) の問いに対して、それぞれ最も適切な答えを一つ選べ。

(1) Why is Macy able to invite Jason to the opera?

a) Because her mother bought four tickets.
b) Because her father is a sponsor of the Metropolitan Opera.
c) Because her mother has extra tickets available.
d) Because her boss cannot use his complimentary tickets this weekend.
e) Because her father cannot make it.

(2) According to the conversation, what will Jason have to do?

a) Come up with some money for his ticket.
b) Find something appropriate to wear.
c) Study up on French opera.
d) Watch the musical *Rent*.
e) Reserve a table at a restaurant.

(3) According to the conversation, Giacomo Puccini

a) lived during the early 20th century.
b) was an early 19th-century author.
c) wrote some operas in French.
d) based his opera on an earlier musical.
e) introduced opera to France.

(4) **Macy explains the opera's story by comparing it with**

    a) another opera.

    b) a recent musical.

    c) a contemporary ballet.

    d) the life of Henry Murger.

    e) other well-known works by Puccini.

(5) **How does Jason feel about the opera?**

    a) He wants to get out of it.

    b) He is falling in love with it.

    c) He is bored with it.

    d) He seems unsure about it.

    e) He has long been a big fan.

🎧 05

(B)

これから放送するのは、**Macy**と**Jason**による、(**A**) と内容的に関連した会話である（ほかの人物が話している箇所も、わずかにある）。これを聞き、(**6**) 〜 (**10**) の問いに対して、それぞれ最も適切な答えを一つ選べ。

(6) **What can we guess about Macy's parents?**

    a) They tend to arrive just in time.

    b) They have another appointment before the performance.

    c) They usually arrive far too early.

    d) They are very punctual.

    e) They always arrive five minutes ahead of schedule.

(7) **Which of the following statements is NOT true about the Metropolitan Opera House?**

a) It was founded in the 1880s.

b) The first building burned down.

c) It moved to its current location in the 1960s.

d) A new home for it was planned in the 1920s.

e) It was renovated in 1982.

(8) **Which of the following statements best describes the auditorium?**

a) It is the largest in the world.

b) It has notable acoustics.

c) It has the greatest number of curtains in history.

d) Its walls are covered with gold leaf.

e) It has a surprisingly simple stage.

(9) **When talking about the wall paintings in the lobby, Macy seems**

a) disappointed they were not created by Kandinsky.

b) to recognize the artist mentioned by Jason.

c) to have known straightaway that they were done by Chagall.

d) to feel they are like Roman art.

e) delighted to have seen her favorite painting.

(10) **What is Macy's attitude concerning her parents' arrival?**

a) She is anxious.

b) She is not concerned.

c) She is amused.

d) She is upset.

e) She is irritated.

🎧 06
(C)

これから放送するのは、ラジオ番組でLiz Merrickという人物によって行われた、象の保護に関するリポートである。これを聞き、(11) 〜 (15) の問いに対して、それぞれ最も適切な答えを一つ選べ。

(11) According to Liz Merrick, who can be considered responsible for encouraging the killing of elephants?

    a) Farmers in Africa.
    b) Shoppers in Europe.
    c) Governments in Asia.
    d) European jewelry manufacturers.
    e) Chinese tourists.

(12) About how many elephants were killed in Africa in the 1980s?

    a) Five thousand.
    b) A quarter of a million.
    c) Half a million.
    d) A million.
    e) Five million.

(13) What does Merrick say each piece of ivory represents?

    a) A dead elephant.
    b) A beautiful hand-carved accessory.
    c) An illegal hunter.
    d) A black market dealer.
    e) The failure of European laws.

(14) **According to Merrick, who are those involved with green hunting?**

    a) People with environmentally friendly rifles.
    b) People who help researchers gain access to animals.
    c) People who get paid for hunting.
    d) People who like to photograph wild animals.
    e) People who are looking for green environments.

(15) **What will a visitor to the Care for Elephants website NOT likely find?**

    a) A way to send some money.
    b) A way to join Care for Elephants.
    c) A way to learn more about elephants.
    d) A way to help save elephants in the wild.
    e) A way to purchase ivory goods online.

解き終わったら、次ページからの
解答と解説をチェック！

Trial Test 1
▶解答と解説

[設問から得られるヒント]
オペラがテーマの会話。登場人物は Macy と Jason で、2人の状況や、オペラの演目がトピックになっているようだ。

[設問ごとのリスニングポイント]
(1) メイシーがジェイソンにオペラの話を切り出して、経緯説明をしていると考えられる。選択肢を見ると、チケットがキーワードかもしれない。
(2) 会話前半、ジェイソンが誘いを受けて何か気にかけていることはないか聞き取ろう。
(3) Giacomo Puccini という名前に神経を集中させて聞き進めよう。
(4) メイシーがオペラを別の何かと比較して説明している部分を待ち構えて聞こう。
(5) 感想や印象を示す具体的な語句に注意を払う必要があるが、ジェイソンの発言を注意して聞いていれば、会話全体から判断できるかもしれない。

(1) 正解：c)

メイシーはなぜ、ジェイソンをオペラに誘うことができているのか。
a) 彼女の母親がチケットを4枚買ったから。
b) 彼女の父親がメトロポリタン・オペラのスポンサーだから。
c) 彼女の母親が、利用可能なチケットを余分に持っているから。
d) 彼女の上司が今週末、自分がもらった招待券を使うことができないから。
e) 彼女の父親が都合を付けられないから。

解説

メイシーの2つ目の発言に出てくる She got four altogether, and my mom told me that I can bring a friend.（ママは合計4枚を手に入れたわけで、私に友達も連れてきていいって言ってた）から、答えは c) となる。d) も正解のように思えるかもしれないが、招待券を使えないのは「メイシーの上司」ではなく、「メイシーの母親の上司」なので不正解。

(2) 正解：b)

会話によると、ジェイソンは何をしなくてはならないか。
a) チケットのためにいくらかお金を用意する。
b) ふさわしい着るものを見つける。
c) フランスのオペラについて研究する。
d) ミュージカルの『レント』を見る。
e) レストランの席を予約する。

解説

ジェイソンが服装を話題に上らせると、メイシーが I don't think those ripped jeans will work. Do you have a better pair?（その破れたジーンズは駄目だと思うけど。もう少しましなのはあ

る?）と尋ねている。それに対し、ジェイソンが Oh, I do ... somewhere. And I think I might even have a blazer I can throw on.（ああ、あるよ……どこかにね。それに、さっと羽織れるブレザーもあるかも）と答えているので、b) が正解。

3）正解：a)

会話によると、ジャコモ・プッチーニは

a）20世紀初頭を生きた。
b）19世紀初頭の作家だった。
c）幾つかのオペラ作品をフランス語で書いた。
d）先行するミュージカルを自分のオペラの下敷きにした。
e）オペラをフランスに紹介した。

解説

固有名詞ははっきり発音されるので、それに続く部分を注意深く追って行けば聞き取れるだろう。複数の選択肢を頭の片隅に記憶しておき、情報をつかみ取るつもりで聞くことが重要だ。

4）正解：b)

メイシーがそのオペラの筋立てを説明するのに比較しているのは

a）別のオペラ。
b）近年のミュージカル。
c）現代のバレエ。
d）アンリ・ミュルジェールの人生。
e）プッチーニの別の有名な作品群。

解説

メイシーの最後の発言の1文目 The musical *Rent* is the 20th-century version of the opera *La Bohème.*（ミュージカル『レント』は、オペラ『ラ・ボエーム』の20世紀版なのよ）から、b) が正解。少し前の You've seen the musical *Rent*, right?（あなた、ミュージカル『レント』は見たことあるでしょう?）のあたりから、『レント』を話題に出した理由を考えながら聞こう。

5）正解：d)

ジェイソンはそのオペラについてどう感じているか。

a）逃げ出したいと思っている。
b）大好きになりつつある。
c）飽きている。
d）知識があやふやそうである。
e）長いこと大ファンである。

解説

オペラについての知識がなく、メイシーに説明してもらっているという全体的な流れから判断できる。話し方のトーンもヒントになるので、判断材料にしよう。

▶スクリプトと訳

(A) 04 Macy Jason

Macy: Jason, have you ever been to the opera?

Jason: I think I went to an opera once when I was in grade school. I'm pretty sure it was an outdoor concert, and I was staying with my aunt and uncle in Woodstock. I don't think I've been to the opera since then. Why do you ask?

Macy: I just got some good news. I found out that the place where my mom works is a corporate sponsor of the Metropolitan Opera House — and she said her boss can't use his complimentary, center-stage tickets this weekend. She got four altogether, and my mom told me that I can bring a friend.

Jason: And you thought of me?

Macy: Yeah, that's right.

Jason: Thank you. I sort of feel honored.

Macy: Well, you should. Ha-ha. We're going to make a night of it; we'll get dressed up and have a late dinner after the show. Would you care to join us?

Jason: I couldn't say no. It would be my first time at the Met. I don't know if I have anything to wear, though.

Macy: Oh, don't worry about that. The Met doesn't even have a dress code. But I don't think those ripped jeans will work. Do you have a better pair?

Jason: Oh, I do … somewhere. And I think I might even have a blazer I can throw on.

Macy: That'll do. But, hey, don't you want to know what's playing before you say yes?

Jason: Please tell me. But, actually, I have a feeling that it's all going to be over my head anyway.

Macy: Have you ever heard of Puccini?

Jason: Of course. I know at least that much. It's one of the most famous Italian ones, right? I've heard of it, but I couldn't name any of the songs or hum any of the melodies.

Macy: Um, actually, Puccini is the name of the composer. Giacomo Puccini lived during the turn of the 20th century.

Jason: Oh. Well, that shows how much I know. I didn't know what I was getting into when I said yes.

Macy: Don't worry. I'm sure you'll love it. Puccini's operas are considered among the best. *La Bohème*, which is what we'll be seeing — that is, if you still want to come along — is as good an introduction to opera as anything.

Jason: But don't they say you should study up on an opera before going?

Macy: Yeah, but Puccini's opera is just one of many adaptations of a work by the early 19th-century French author Henry Murger. That work, *Scenes of Bohemian Life*, was originally published in a series of separate episodes.

Jason: It already sounds more complicated than I was expecting.

Macy: You've seen the musical *Rent*, right?

Jason: Yeah, I saw it a few years ago. What does that have to do with *La Bohème*?

Macy: The musical *Rent* is the 20th-century version of the opera *La Bohème*. All they did was update it a little bit, but if you think of what you saw in *Rent*, you'll see a lot of parallels to the opera.

メイシー：ジェイソン、あなたオペラを見に行ったことある？

ジェイソン：小学生のころ一度オペラに行ったような気がする。確か野外コンサートで、ウッドストックのおばとおじのところに泊まっていたんだ。それ以来オペラには行っていないと思うな。どうしてそんな質問を？

メイシー：ちょっといい知らせがあるのよ。うちのママの勤め先がメトロポリタン歌劇場の企業スポンサーだってことが分かったの──それにママが言うには、ママの上司は今週末、自分がもらったセンターステージ席の招待券を使うことができないんだって。ママは合計4枚を手に入れたわけで、私に友達も連れてきていいって言ったの。

ジェイソン：それで僕が思い浮かんだの？

メイシー：ええ、そうよ。

ジェイソン：ありがとう。なんだか光栄だな。

メイシー：ええ、光栄に思ってね。アハハ。一晩たっぷり楽しみましょう。ドレスアップして、公演の後で遅いディナーを食べるの。私たちと一緒に来たいと思う？

ジェイソン：断るわけないだろう。僕、メトロポリタンなんて行くのは初めてだよ。着るものがあるか分からないけどね。

メイシー：ああ、それは気にしなくて大丈夫。メトロポリタンにはドレスコードだってないの。でも、その破れたジーンズは駄目だと思うけど。もう少しましなのはある？

ジェイソン：ああ、あるよ……どこかにね。それに、さっと羽織れるブレザーもあるかも。

メイシー：それで大丈夫よ。でも、ねえ、承諾する前に、演目は何か知りたくない？

ジェイソン：頼むよ、教えて。でも実際、どのみち僕にはまるでちんぷんかんぷんだろうって気がするけどね。

メイシー：プッチーニって聞いたことある？

ジェイソン：もちろん。僕だってそれくらいは知ってるよ。すごく有名なイタリアの作品の一つだよね？　聞いたことはあるけど、その中の歌の題名は言えないし、メロディーも口ずさめない。

メイシー：ええと、そうじゃなくて、プッチーニっていうのは作曲家の名前よ。ジャコモ・プッチーニは20世紀初めごろを生きた人よ。

ジェイソン：そうか。まあ、これで僕の知識がどれほどのものか分かるよね。承諾はしたものの、何を見に行くのか分かっちゃいなかったんだから。

メイシー：心配しないで。きっと気に入るわよ。プッチーニのオペラは一流と見なされているわ。見に行くことになっている『ラ・ボエーム』は――つまり、あなたに来てくれる気がまだあればだけど――オペラ初心者向け作品としては最適なのよ。

ジェイソン：だけど、行く前にオペラについて予習しておくべきだって言われているだろ？

メイシー：そうね。でもプッチーニのオペラは、19世紀前半のフランス人作家アンリ・ミュルジェールの作品の、たくさんある翻案作の一つにすぎないの。その作品『放浪芸術家たちの生活風景』は、もともとは別々のエピソードを集めたものとして出版されたのよ。

ジェイソン：もう僕の予想以上に複雑な話になってきたよ。

メイシー：あなた、ミュージカル『レント』は見たことあるでしょう？

ジェイソン：うん、2、3年前に見た。それが『ラ・ボエーム』と何の関係があるの？

メイシー：ミュージカル『レント』は、オペラ『ラ・ボエーム』の20世紀版なのよ。ほんのちょっと現代的にしてあるだけ。でも『レント』で見たことを思い出せば、このオペラとの類似点がたくさん見つかるはずよ。

(B)

［設問から得られるヒント］
メトロポリタン歌劇場が話に出てくるようだ。(A)と同じ人物たちが会話を進めており、メイシーの両親のことも話されるらしい。

［設問ごとのリスニングポイント］
(6)　設問(10)から、会話後半で両親の歌劇場への到着が話題になっていることが分かる。一方(6)では、両親が普段、待ち合わせ場所に来るときのタイミングが問われている。
(7)　並んでいる選択肢から、建設や移転などの歴史が語られると考えられる。年代に注意して聞く必要がある。
(8)　auditoriumという語に注意して聞こう。
(9)　後半、wall paintingsが出てくるのを待ち構えて聞こう。
(10)　メイシーの話し方からも、ある程度推測できるだろう。arrivalもしくはそれを言い換えた表現に神経を集中させる。

(6)　正解：a)

メイシーの両親について、どんなことが推測できるか。

a) ぎりぎりの時間に到着しがちである。
b) 公演の前に別の約束がある。
c) たいていは、到着があまりに早すぎる。
d) 時間を厳守する。
e) 常に予定の5分前に到着する。

解説

冒頭のMy parents told me ...（両親が……と言っていた）以降に注意を払って聞く必要がある。続く文のThey said they wouldn't be here until five minutes before the start of the performance, but for them that means they'll get here a few seconds before the curtain opens.（両親は開演の5分前にならないとここに来られないって言ってたけど、あの人たちのことだから、それは幕の開く直前に到着するっていう意味なのよ）から、a)が正解となる。

(7)　正解：e)

メトロポリタン歌劇場について正しくないのは、次のうちどれか。

a) 1880年代に設立された。
b) 最初の建物は全焼した。
c) 1960年代に現在の場所に移転した。
d) 1920年代に新しい拠点が計画された。
e) 1982年に改装された。

解説

半ばあたりのジェイソンの発言It says the Metropolitan Opera House was founded in the 1880s.以降が出題箇所のはず。慌てずに、聞こえた年代をメモしておこう。あまり細かく書かず、例えば「founded 1880s」「not until 1960s」「fire 1892」「plan new home 1920s」「moved 1966」などと書いておくのがコツ。

(8) 正解：b)

観客席について最も適切に説明しているのは、次のうちどれか。
a) 世界一大きい。
b) 素晴らしい音響効果を備えている。
c) カーテンの数が史上最多である。
d) 壁が金箔で覆われている。
e) ステージが驚くほど簡素である。

> **解説**

後半のジェイソンの発言中の It says here that the auditorium is known for its acoustics（ここに、観客席はその音響効果で知られる、と書いてある）の部分から、b)が正解。

(9) 正解：b)

ロビーの壁画の話をしているとき、メイシーの様子は、
a) カンディンスキーの作品でなかったことにがっかりしている。
b) ジェイソンが口にした画家が誰であるか分かっている。
c) それらがシャガールの作品だとすぐに気付いていた。
d) それらがローマ美術のようだと感じている。
e) お気に入りの絵を見られて喜んでいる。

> **解説**

終わり近くのメイシーの発言 I should have known. I love his painting "I and the Village."（どうして分からなかったのかしら。彼の「私と村」という絵が大好きなの）から、b)が正解。I should have known. は「私としたことが」というニュアンスを持つ表現で、ここでは、ジェイソンに言われるまで壁画が大好きなシャガールの作品だと気付かなかったことに対して、自身でコメントしている。

(10) 正解：b)

両親の到着に関するメイシーの態度は、どのようなものか。
a) 心配している。
b) 気にしていない。
c) 面白がっている。
d) 取り乱している。
e) いら立っている。

> **解説**

最後の発言 No, they're right on schedule — as far as they're concerned. They'll be here a minute before the show, as usual.（いいえ、あの人たちはまったく予定通りよ——本人たちにしてみればね。上演1分前に到着するでしょう、いつも通りにね）から b)が正解。声のトーンも参考にしよう。

▶スクリプトと訳

(B) 05　Macy 　Jason 　Ticket Taker

Macy: Jason, I'm so glad you decided to come to the opera after all. My parents told me we should just go ahead and take our seats. They said they wouldn't be here until five minutes before the start of the performance, but for them that means they'll get here a few seconds before the curtain opens. So let's go in.

Jason: Are you sure they won't mind?

Macy: No, they'll be fine. We can talk with them during the intermission.

Ticket Taker: Good evening. Tickets, please. Thank you.

Macy: Thank you.

Ticket Taker: Tickets. Thank you. Enjoy the performance.

Jason: When was this theater built?

Macy: I'm not sure. Did you get a program?

Jason: No.

Macy: Here. I grabbed an extra one.

Jason: Thanks.

Macy: Maybe it says something about the history of the theater in the program.

Jason: Let's see ... Do you want to hear about it?

Macy: Sure, if there's anything interesting.

Jason: It says the Metropolitan Opera House was founded in the 1880s.

Macy: How can that be? Lincoln Center, which includes the Metropolitan Opera House, wasn't built until the 1960s.

Jason: It seems the first Metropolitan Opera House was located in Midtown Manhattan, but there was a big fire in 1892 that destroyed it. That building got rebuilt a few years later, but its backstage facilities soon became outdated and planning for a new home began as early as the mid-1920s. The Opera House ended up being moved uptown in 1966 when they built the Lincoln Center. Here's a bit of real trivia: They've got the largest curtain in the world of its type on that stage.

Macy: That's some claim to fame.

Jason: Oh, and the stage also is one of the largest of its kind — and the most complex. And we had better be quiet. It says here that the auditorium is known for its acoustics — low conversation and quiet moments in music can be heard far away from the stage.

Macy: Well, I am not one to talk during performances, so no worries there.

Look, it mentions that the domed petal-shaped ceiling is covered with gold leaf.

Jason: Oh, and this is interesting. Did you happen to notice the wall paintings on our way in through the lobby?

Macy: Yeah, I did. Aren't they by somebody famous? They looked like they might have been done by Kandinsky.

Jason: No, it says they were done by Marc Chagall.

Macy: Oh. I should have known. I love his painting "I and the Village." It has such a romantic, storybook quality to it.

Jason: I'm not familiar with it. Say, it's four minutes to. Should we call your parents to see where they are?

Macy: No, they're right on schedule — as far as they're concerned. They'll be here a minute before the show, as usual.

メイシー：ジェイソン、結局オペラを見に来る決心をしてくれて、すごくうれしいわ。うちの両親が、気にせず先に席に着いていなさいって言ってた。両親は開演の5分前にならないとここに来られないって言ってたけど、あの人たちのことだから、それは幕の開く直前に到着するっていう意味なのよ。だから入りましょう。

ジェイソン：本当にご両親は気を悪くしないかな？

メイシー：ええ、あの人たちなら大丈夫。休憩時間に話をすればいいわ。

チケット係：こんばんは。チケットを拝見します。ありがとうございます。

メイシー：どうも。

チケット係：チケットを。どうも。公演をお楽しみください。

ジェイソン：この劇場はいつ建てられたの？

メイシー：よく知らないわ。プログラムはもらった？

ジェイソン：いいや。

メイシー：どうぞ。1部余分に取ったの。

ジェイソン：ありがとう。

メイシー：たぶん、この劇場の歴史について、プログラムに何か載っているはずよ。

ジェイソン：見てみよう……君もその話を聞きたい？

メイシー：もちろんよ、もし何か面白いことがあればね。

ジェイソン：これによると、メトロポリタン歌劇場は1880年に設立されたって。

メイシー：そんなはずないでしょ？　メトロポリタン歌劇場を含むリンカーン・センターは、1960年代になってから建てられたのよ。

ジェイソン：どうやら、最初のメトロポリタン歌劇場はマンハッタンのミッドタウンにあったらしいんだけど、1892年に大きな火事があって全焼したんだ。その建物は数年後に再建されたけど、間もなく舞台裏の設備が古くなって、早くも1920年代半ばには新しい拠点の計画が始まった。歌劇場は結局、リンカー

ン・センターの建設された1966年にアップタウンに移転したんだ。いかにも雑学というちょっとした話がここに載っているよ。舞台に掛かっているカーテンは、このタイプとしては世界一大きいものなんだって。

メイシー：それはちょっと威張れるわね。

ジェイソン：あ、そして、ステージも、この種類としては最も大きくて複雑なものの一つなんだ。それから、僕たち静かにした方がいいよ。ここに、観客席はその音響効果で知られる、と書いてある──ひそひそ話や、音楽の中の静かな箇所が、ステージから遠く離れていても聞こえるってね。

メイシー：まあ、私は上演中に話したりしないから、それに関しては心配ないけどね。見て、ドーム状の花びら形の天井が、金箔で覆われている、と書いてあるわよ。

ジェイソン：あ、それから面白い話がある。ロビーを通って入ってきたときに、壁画に気が付いた？

メイシー：ええ、気づいたわ。誰か有名な人の作品じゃない？　もしかしたらカンディンスキーの作品かも、って思えたけど。

ジェイソン：違うよ、マルク・シャガールの作品だそうだよ。

メイシー：ああ。どうして分からなかったのかしら。彼の「私と村」という絵が大好きなの。ロマンチックでおとぎ話のような雰囲気があるのよ。

ジェイソン：僕はそれ、よく知らないな。ねえ、4分前だよ。ご両親に電話して今どこにいるのか確かめた方がいいんじゃない？

メイシー：いいえ、あの人たちはまったく予定通りよ──本人たちにしてみればね。上演1分前に到着するでしょう、いつも通りにね。

(C)

[設問から得られるヒント]
象を殺すことにまつわる話。green hunting という活動も紹介されるようだ。

[設問ごとのリスニングポイント]

(11) 放送文を聞くまで分からないが、選択肢の語句を頭にしっかり入れておこう。

(12) thousand、million、a quarter、half などの数字に注意しながら、正確に聞き取ろう。

(13) 話し手がどんな立場の人物であるかに注意。その人にとって象牙が何を意味するかを考えながら聞こう。キーワードは ivory。

(14) green hunting のハンターたちの行動を述べている部分をよく聞こう。

(15) 5つのうち4つは登場するはずなので、関連する内容が聞こえたら選択肢を消そう。言い換え表現に注意すること。

(11) 正解：b)

リズ・メリックによれば、象殺しの助長に責任があると見なされ得るのは誰か。

a) アフリカの農業従事者。
b) ヨーロッパの買い物客。
c) アジアの政府。
d) ヨーロッパの宝飾品製造者。
e) 中国人の旅行者。

解説

選択肢の中で話に直接登場するのは、b)の Shoppers in Europe のみ。第3段落の最後で In this case, the shoppers in Europe are encouraging the elephant killers ...（この場合で言うと、ヨーロッパの買い物客が、アフリカやアジアの象狩猟者たちに……するよう仕向けている）と言っているので、答えは b)。

(12) 正解：c)

およそ何頭の象が、1980年代にアフリカで殺されたか。

a) 5000頭。
b) 25万頭。
c) 50万頭。
d) 100万頭。
e) 500万頭。

解説

第4段落 In the 1980s, more than half of the elephants in Africa were killed.（1980年代にはアフリカにいる象の半数以上が殺された）に注意。「抽象→具体」の展開で、次に具体的な数字に言及する可能性が高い。more than 500,000 African elephants were killed!（50万頭以上のアフリカ象が殺されたのです!）から、c)を選ぶ。

（13）正解：a)

メリックは、象牙の品が何を表していると言っているか。

a）死んだ象。
b）美しい手彫りの装飾品。
c）密猟者。
d）闇取引の業者。
c）ヨーロッパの法律の欠陥。

解説

第6段落の最後でDon't forget that each piece of ivory represents a dead elephant（象牙の品一つ一つが死んだ象1頭を表すのだということを忘れないでください）と言っているので、a)を選ぶ。冒頭の自己紹介で彼女が「象を守る会」のスタッフだと言っていることから、話の流れをある程度は予測できる。

（14）正解：b)

メリックによると、「グリーン・ハンティング」に関与するのはどんな人々か。

a）環境に優しいライフルを持っている人々。
b）研究者が動物にアクセスするのを手伝う人々。
c）狩りの代金の支払いを受ける人々。
d）野生動物の写真撮影を愛好する人々。
e）地球に優しい環境を探している人々。

解説

第7段落の冒頭文のgreen hunting以降を注意深く聞こう。「グリーン・ハンティング」のハンターの行動を伝えた後、The darts only put the elephants to sleep so that research specialists can get information by examining and measuring them.（その投げ矢は、研究の専門家が、象を検査したり測定したりすることで情報収集できるよう、象を眠らせるだけなのです）と言っているので、b)が正解。

（15）正解：e)

「象を守る会」のウェブサイトを訪問した人が見つけそうにないものはどれか。

a）お金を送る方法。
b）「象を守る会」に加入する方法。
d）象についてもっと学ぶ方法。
c）野生の象を救う手助けをする方法。
e）象牙の品をオンラインで購入する方法。

解説

e)以外の選択肢については、すべて関連する言及が最後の第8段落にある。これまでの話の流れから、e)がこの団体のウェブサイトにないであろうことは明白。

▶スクリプトと訳

(c) 🎧 06

① Hello. Welcome to Charity Appeal on Radio Europe. I'm Liz Merrick from Care for Elephants. Many people listening will be thinking, "Oh, elephant hunting is just another problem happening on the other side of the world. Someone will do something to save them. Elephants will survive." Well the fact is that, yes, we here at Care for Elephants are trying to do something to save them, but unfortunately, no, the problem isn't on the other side of the world.

② The fact is that the jewelry and other items made from elephants' tusks, or "ivory," are sold here in our countries. In markets across Europe, shoppers are still buying items made from ivory. A recent investigation of five major countries found nearly 30,000 ivory products were on sale. The five countries were France, Germany, Italy, Spain and the U.K.

③ Although demand for ivory in Europe has fallen in the last 30 years, it is still causing the deaths of a number of elephants every year. The trouble is the European markets of Germany and the U.K. may be getting as big as the traditionally large markets in China and Japan. When there is a demand for something from one group of people, there is usually another group ready to supply it. In this case, the shoppers in Europe are encouraging the elephant killers in Africa and Asia to kill more and more.

④ Look what happened after trading in ivory from Asian elephants became illegal in 1979: In the 1980s, more than half of the elephants in Africa were killed. That's right — more than 500,000 African elephants were killed! As soon as Asian elephants became unavailable, the death rate of African elephants increased dramatically. This was not a coincidence. Therefore, in 1989, trading in ivory from African elephants was also made illegal.

⑤ Nowadays, only old ivory can be sold. If a European dealer wants to sell ivory, he or she must fill in lots of documents to prove the age of the ivory and where it originally came from. However, many dealers say there is too much documentation, and they often do not bother to complete all the necessary forms. This means that illegal ivory is still being sold in shops throughout Europe. In addition, despite the strict law requirements in Europe, the illegal dealers are often not punished.

⑥ Another result of strict European laws is that the traders ship their ivory to East Asia instead of Europe. So, what can Europeans do to help? Well, if we stop buying ivory products, people will not have a reason to make them. Just remember that it's often European tourists who buy ivory items they find in shops when they're on holiday in East Asia. Don't forget that each piece of ivory represents a dead elephant, wherever you buy it.

⑦ One of the recent ways of saving elephants that Care for Elephants and other charities are supporting is what is known as green hunting. The hunters in green hunting are usually wealthy tourists. They have to pay to hunt elephants, but when they shoot the elephants, they are not trying to kill them. These hunters use darts rather than bullets. The darts only put the elephants to sleep so that research specialists can get information by examining and measuring them. When the researchers have this information, it helps them understand what they need to do to protect elephants better in the future.

⑧ I hope this short talk has interested you enough to find out more about how you, too, can help to save the elephants of the world. If you visit our website at www.careforel.org.uk, you can make a donation, or become a member of Care for Elephants, or simply find out more about these wonderful animals. I'm sure your children and grandchildren would prefer to see elephants in the wild rather than in a history museum.

①こんにちは。ラジオ・ヨーロッパの『チャリティー・アピール』へようこそ。私は「象を守る会」のリズ・メリックです。お聞きになっている多くの方々はこう思うことでしょう。「まあ、象狩りなんて、しょせん自分とは関係ない世界で起こっている問題だ。象を救うために誰かが何かしてくれるだろう。象は生き延びるさ」と。そこで事実を申し上げると、そうです、この「象を守る会」の私たちが彼らを救うために何とかしようと努力しています。しかし残念ながら、違います。この問題は無関係な世界で起こっているのではありません。

②実際は、象の牙、つまり「象牙」から作られる宝飾品などの製品が、ここ私たちの国々でも売られています。ヨーロッパ中の市場で、買い物客が今なお象牙製品を買い求めています。最近の主要5カ国調査では、3万点近い象牙製品が販売されていることが分かりました。その5カ国とは、フランス、ドイツ、イタリア、スペイン、そしてイギリスです。

③ヨーロッパにおける象牙の需要はここ30年で低下したとはいえ、依然として毎年多くの象を死に至らしめる原因となっています。問題は、ドイツやイギリスといったヨーロッパ市場が、中国や日本といった昔からの大市場に匹敵する大きさになりかねないことです。ある集団で何かの需要があれば、たいていまた別の集団がその供給に備えます。この場合で言うと、ヨーロッパの買い物客が、アフリカやアジアの象狩猟者たちにどんどん殺すよう仕向けているのです。

④1979年にアジア象の象牙売買が違法とされた後、何が起こったか見てみましょう。1980年代にはアフリカにいる象の半数以上が殺されました。そうなのです。50万頭以上のアフリカ象が殺されたのです！ アジア象が手に入らなくなった途端、アフリカ象の死亡率が劇的に上昇しました。これは偶然ではありませんでした。そこで、1989年にはアフリカ象の象牙売買も同様に違法とされました。

⑤今日では、売ることができるのは古い象牙だけです。もしヨーロッパの業者が象牙を売りたければ、彼または彼女は、その象牙の年代と、もともとどこから来た象牙なのかを証明するために、多くの書類に記入しなければなりません。しかしながら、書類手続きが多すぎるので、多くの場合、わざわざ必要書類に漏れなく記入することはないと言う業者もたくさんいます。これはつまり、違法な象牙がヨーロッパ各地の店で今も売られているということになります。さらに、ヨーロッパでの厳しい法規制にもかかわらず、違法業者が罰を受けないことも多いのです。

⑥ヨーロッパの厳しい法制が生み出したもう一つの結果として、業者がヨーロッパでなく東アジアに象牙を出荷しています。では、ヨーロッパ人は（象を）救うために何ができるでしょうか。そう、私たちが象牙製品の購入をやめれば、人々がそれを作る理由がなくなるはずです。ちょっと覚えておいてください。東アジアで休暇を過ごしているときに店で見つけた象牙製品を買うのはヨーロッパ人観光客であることが多いのです。どこで買おうと、象牙の品一つ一つが死んだ象1頭を表すのだということを忘れないでください。

⑦「象を守る会」やその他の慈善団体が支援している最近の象保護方法の一つ

は、「グリーン・ハンティング」として知られている方法です。「グリーン・ハンティング」のハンターは通常、裕福な観光客です。彼らは象狩りの料金を払わなくてはなりませんが、彼らが象を狩るときには殺そうとはしません。こうしたハンターは弾丸ではなく投げ矢を使います。その投げ矢は、研究の専門家が、象を検査したり測定したりすることで情報収集できるよう、象を眠らせるだけなのです。研究者がこうした情報を得ると、その情報は、象を今後さらに適切に保護するために何が必要か理解するのに役に立ちます。

⑧この短いお話が皆さんの興味を十分にそそり、どうすれば皆さんも世界の象を救う手助けができるかについて理解を深めていただけたら幸いです。www.careforel.org.ukのウェブサイトをご覧いただければ、寄付をしたり、「象を守る会」の会員になったり、あるいは、単にこの素晴らしい動物に関する情報を得たりすることができます。皆さんのお子さんやお孫さんも、象を歴史博物館で見るよりも、野生の状態でご覧になりたいはずですよ。

Comment from Kimutatsu

最初の Trial Test はどのくらいできた？　本番の試験では通常、放送文が流れるのは2回だけど、練習では何回聞いても構わないからね。難しすぎると思った人は『キムタツの大学入試英語リスニング 合格の法則【実践編】』や『新 キムタツの東大英語リスニング Basic』などから始めるといい。難しすぎるものを聞き続けてもあまり効果が上がらないよ。少しずつステップアップしよう！

コラム「Kimutatsu's Cafe」では、
キムタツ先生のお知り合いの先生方に話を伺います。

将来に向けて何をすればよいのかではなく
自分は何がしたいのかを追求しよう

石﨑陽一先生（ISHIZAKI, Yoichi）東京都立武蔵野北高等学校 主任教諭

高校時代、ある授業で私のレポートが取り上げられた。先生はひとしきり褒めた後で、「こういう優等生的なのは面白くない」とバッサリ切って捨てた。衝撃とともに、私はこれまでの自分がいかに模範解答を志向していたかを思い知らされた。大事なのは、何を書けばいいのか、ではなく、自分は何が書きたいか、ではないか。優等生志向からの訣別、それは自分発見への第一歩でもあることを、恩師の鋭い一言が気づかせてくれた。将来に向けて何をすればよいのかではなく、自分は何がしたいのか。そう考え始めた私は、中学時代、大の英語嫌いだった私に、言葉に対する興味を抱かせ、学習の具体的な道標を見せてくださった旧師の存在を思い出し、教職を志すに至った。恐ろしいほどすごい職業だと思った。

大学はミッション系のこぢんまりとした所で、しかも、語学をみっちり鍛えてくれる所を志望した。受験勉強も「入学後の準備」と思うと身が入った。当時マスコミで喧伝されていた「受験地獄」という言葉は少なくとも私には無縁だった。

ところが、家庭内の不慮の事故により生活は一変した。希望する大学には入学できたものの、大半を住み込みの新聞奨学生として過ごすことになった。朝2時起き。6時まで朝刊とスポーツ紙を配達して学校へ。午後3時から夕刊を配り、6時から広告の折り込み。月末は集金に顧客の家を約300軒訪問した。憧れの志望校の授業は求めていた通り厳しかった。英米在住経験者の多いクラスで受験英語しか知らない私は焦りと劣等感を味わいつつも必死に喰らいついた。しかし、何としても行きたい、どうしてもそこで学びたいと思って入った学校だからこそ、あの生活が続いたと思う。

受験というのは自分で選んだのだから、多少辛くても、目標達成に伴う犠牲があっても、自分で乗り越えなければならない。愚痴をこぼしても解決にはならない。時として、自分が予想だにしなかった、全く別の方面からの試練に遭うこともある。

けれど、今目の前にあるすべてが自分に不利と思える状況に置かれても、決して目標を見失わないでもらいたい。試練に直面したときでも必ず目標へと通じる脱出の道が見つかることを忘れないでほしい。

あなたはなぜ受験するのか。目標はまだフレッシュだろうか。憧れのキャンパスで勉強しているイメージを描けるだろうか。少しでもそのイメージがさびついていたら、今すぐ丁寧に、磨きをかけよう。そして、絶対に夢は叶うと信じてやってみよう。

🎧 07

(A)

これから放送するのは、あるテレビ番組における、**Gustavo Moretti**という人物へのインタビューである。これを聞き、(1) ～ (5) の問いに対して、それぞれ最も適切な答えを一つ選べ。

(1) **What is Edo Moors?**

  a) A new self-contained community.
  b) A new apartment building on the Sumida River.
  c) A new business in Asakusa.
  d) An urban renewal project in Europe.
  e) A remodeled shopping complex.

(2) **In total, how many apartments will be available?**

  a) Fewer than 10.
  b) About 200.
  c) About 500.
  d) About 1,000.
  e) More than 10,000.

(3) **Which of the following amenities does Moretti NOT mention will be available?**

  a) Hotels.
  b) Concert halls.
  c) Restaurants.
  d) Medical clinics.
  e) Nightclubs.

(4) **According to Potts, the host, what do people opposed to the project think?**

    a) Edo Moors should be built in Shibuya.
    b) Edo Moors will cause pollution.
    c) Local stores will all become Starbucks.
    d) People living in Edo Moors will not support local stores.
    e) There are already too many apartments in the area.

(5) **According to Moretti, how will Edo Moors help existing communities around it?**

    a) Money made by Edo Moors will be given to local businesses.
    b) Local businesses will be given new offices.
    c) The area will gain a better reputation.
    d) Local business owners will have a place to watch movies and work out.
    e) The surrounding air quality will be improved.

🎧 08

(B)

これから放送するのは、(A) の番組を見た、**Rina**、**Ben**、**Karen** という3人の人物による会話である。これを聞き、(6) ～ (10) の問いに対して、それぞれ最も適切な答えを一つ選べ。

(6) **Why is Ben against the idea of living in Edo Moors?**

    a) He used to work at an airport.
    b) He thinks it would be too expensive.
    c) He would not want to live in an apartment.
    d) He thinks the area is too near the river.
    e) He imagines it would be too uniform and uninspiring.

(7) **Which aspect of Edo Moors does Rina think she would like?**

    a) The fact that it will have lots of stores.
    b) The fact that it will not harm the climate.
    c) The fact that it will be far from the airport.
    d) The fact that global corporations will be based there.
    e) The fact that it will use carbon fiber building materials.

(8) **What does Karen think about the relationship between greenhouse gases and buildings?**

    a) It sounds futuristic.
    b) It sounds pretty obvious.
    c) It sounds difficult to believe.
    d) It sounds complicated.
    e) It sounds as if there is an emphasis on carbon.

(9) **According to Ben, Edo Moors will be bad for the environment if**

    a) it lowers the amount of green space in the area.
    b) it overrides a program for retrofitting old buildings.
    c) it encourages people to spend more.
    d) its buildings have a high carbon footprint.
    e) it does not have at least some historical buildings.

(10) **Rina would be happy to move to Edo Moors**

    a) when she has finished her studies.
    b) if it had lots of museums.
    c) if she only had to pay a low rent.
    d) if she had time to spend the weekends in the countryside.
    e) for as long as it took her to sell the place.

🎧 09

(C)

これから放送する映画についての講義を聞き、(11) ～ (15) の問いに対して、それぞれ最も適切な答えを一つ選べ。

(11) Which of the following effects of motion pictures does the lecturer directly mention?

a) Motion pictures changed Americans' reading habits.
b) Movies changed Americans' sleeping habits.
c) Movies changed Americans' leisure habits.
d) Motion pictures changed Americans' consumption habits.
e) Movies changed Americans' eating habits.

(12) According to the lecture, for millions of immigrants, going to a movie was cheap entertainment and

a) a way to escape from hard work.
b) a way to learn American customs.
c) a way to relieve stress.
d) a way to learn English.
e) a way to watch the news.

(13) What is mentioned about the history of newsreels?

a) In the 1920s, newsreels were a very popular news source.
b) In the 1930s, 20-minute newsreels brought people the news.
c) In the 1940s, newsreels started appearing monthly.
d) In the 1950s, newsreels became more popular than television.
e) In the late 1960s, newsreels were replaced by television news.

(14) Which of the following statements is NOT mentioned as an effect of movies?

a) People began to spend their afternoons differently.
b) Public opinion was influenced.
c) Children began to copy the speech found in movies.
d) People's fantasies began to reflect what they saw on the screen.
e) Movie viewers were generally found to be more educated.

(15) Which of the following best describes the lecture's main point?

a) Over time, the influence of movies has become obvious.
b) Historically, movies have influenced society in two ways.
c) Movies are adored by young Americans.
d) The American lifestyle has totally changed movies.
e) Film criticism has become an important field.

解き終わったら、次ページからの
解答と解説をチェック!

Trial Test 2
▶解答と解説

[設問から得られるヒント]
Moretti という人物へのインタビューらしい。Edo Moors というのが、東京のどこかの地域の再開発と関係していそうだ。

[設問ごとのリスニングポイント]
(1) 選択肢に固有名詞が多いので、聞く準備がしやすいだろう。
(2) 関わりがありそうな数字の部分に神経を集中して、簡単なメモを取っておこう。
(3) さまざまな施設について列挙されるはず。聞こえたものを消していく。
(4) the project は Edo Moors を指すようだ。opposed、またはこの類語がキーワードかもしれない。
(5) 江戸ムーアが既存のコミュニティーにどのような利益をもたらすかが問われている。communities などをキーワードとして想定しつつ聞こう。

(1) 正解：a)

江戸ムーアとは何か。

a) 新しい自給自足型コミュニティー。
b) 隅田川沿いの新しい共同住宅。
c) 浅草の新しいビジネス。
d) ヨーロッパにおける都市再開発プロジェクト。
e) 改修された複合商業施設。

解説

ホストであるポッツの最初の発言もヒントになる。モレッティは建築家で、浅草の近くに建設される複合施設の設計・監修のために日本に来ている。その施設が江戸ムーアである。the Edo Moors project（江戸ムーア・プロジェクト）について話を向けると、モレッティが The idea is to develop a kind of self-contained city ...（構想としては、一種の自給自足型の都市を開発するもので……）と答えているので、a)が正解。事前に選択肢をよく読んでいれば、この部分をキャッチできるはずだ。

(2) 正解：d)

合計で何戸の共同住宅が入居可能となるか。

a) 10未満。
b) 約200。
c) 約500。
d) 約1000。
e) 1万超。

解説

How many apartments will be there?（共同住宅は何棟ほどになりますか）という質問に対するモレッティの返答の中に正解がある。このインタビューは質問と応答の繰り返しなので、次の展開が予想しやすいはずだ。we're looking at five high-rise buildings with roughly 200 apartments each（それぞれおよそ200戸の高層ビルを5棟と考えています）から、d)が選べる。each（それぞれ）を聞き逃すと計算を間違えてしまう。

(3) 正解：b)

次の施設のうち、利用できるとモレッティが言っていないのはどれか。
a) ホテル。
b) コンサートホール。
c) レストラン。
d) 医院。
e) ナイトクラブ。

解説

モレッティは、共同住宅の数について答えた後、In addition, there will be a central office building for businesses（加えて、企業が入居する中央オフィスビルもできる予定）と述べ、それに続く部分で、さまざまな施設を挙げている。4つは必ず登場するはずなので、5つの選択肢のうち聞こえたものを消去して答えを選ぼう。

(4) 正解：d)

ホストのポッツによると、プロジェクトに反対する人たちはどう考えているか。
a) 江戸ムーアは渋谷に建設されるべきだ。
b) 江戸ムーアは公害を引き起こす。
c) 地元の商店が全部スターバックスになってしまう。
d) 江戸ムーアに住む人々は、地元の商店を支援しない。
e) その地域にはすでに共同住宅が多すぎる。

解説

質問文ではopposedが使われているが、放送文ではNow, opponents of this kind of urban planning will say that ...（さて、この種の都市開発に反対する人々は……と言うでしょう）と、opposeの派生語opponentが使われていることに注意。インタビュアーが反対者の意見をまとめてモレッティにぶつけていることが分かる。それに続くthis will cause local businesses to disappear ... why should people living there ever leave to shop at local shops?（そうなると地元の商店が消えていくことになるだろう……そこに住む人々が地元の店へ買い物に出掛けるべき理由はありませんね?）から、d)が選べる。

(5) 正解：c)

モレッティによると、江戸ムーアは既存の周辺コミュニティーにとってどのように役立つか。
a) 江戸ムーアによって得られた資金が地元の企業に与えられる。

b）地元の企業に新しいオフィスが与えられる。
c）その地域がより高い評判を得る。
d）地元の企業の経営者が映画を見たり体を鍛えたりする場ができる。
e）周辺の空気の質が改善される。

解説

モレッティの最後の発言の半ばに出てくる But what people forget is that ... から、このプロジェクトが新しいコミュニティーの周辺地域に与える影響についての弁護が述べられていることに気付こう。最後の1文 The community around them gets a kind of reputation for being interesting or sophisticated, and that spreads to the businesses outside the complex as well.（周辺のコミュニティーは、興味深くて洗練されているという一種の評判を獲得しますし、それは複合施設外の企業にも波及していくのです）から、答えは c)。

▶スクリプトと訳

(A)   07 Andrew Potts   Gustavo Moretti

Andrew Potts, Host: Hello, everyone, and welcome to Talking Today. I'm Andrew Potts. With us today is renowned architect and urban planner Gustavo Moretti, who is responsible for a number of large urban renewal projects in Europe. He has been invited to help design and oversee the new complex being built near Asakusa, called Edo Moors. Welcome to the show, Mr. Moretti.

Gustavo Moretti: Thank you. It's a pleasure to be here.

Potts: So, can you tell us a little bit about the Edo Moors project? How big of a development are we talking about here?

Moretti: Enormous. The idea is to develop a kind of self-contained city that will take up approximately 10 square kilometers, running 5 kilometers along the Sumida River.

Potts: So, a small city within a city?

Moretti: Exactly.

Potts: And what will this new city have in it?

Moretti: Well, the details at the moment are very broad, of course. I can't tell you if there's going to be a McDonald's on the corner. But the complex will contain everything that people need in their day-to-day lives. So, to start with, there will be several apartment buildings.

Potts: How many apartments will be there?

Moretti: Right now, we're looking at five high-rise buildings with roughly 200 apartments each. In addition, there will be a central office building for businesses, with hotels and serviced apartments for visiting business people. Of course, there will be a shopping district with grocery stores, clothes shops, pharmacies, restaurants, pet shops — whatever you need. There will also be space for clinics and health clubs, and an entertainment district with nightclubs, a theater complex and an art gallery.

Potts: Now, this sounds somewhat familiar, as I'm sure you know. A number of similar projects have been built around Tokyo: Roppongi, Shiodome, Omotesando, Odaiba. Why is there such a push to create new communities in Tokyo?

Moretti: Tokyo has become so big that it has really outgrown the traditional idea of a city; it is a metropolitan area with several city-like centers. If you compare the size of Tokyo to an average city, building something like Edo Moors in Tokyo is roughly equivalent to putting up a single new building in any other city.

Potts: But why not use this money to develop existing communities?

Moretti: Well, in a way, that's what we are doing. In the normal process of urban development, businesses only want to move into those areas that are already well-established business areas. There is this constant movement of money away from undeveloped areas and into places like Omotesando and Shibuya. Normally, that's a difficult trend to escape. But developing a brand-new community enriches a new area as well.

Potts: Now, opponents of this kind of urban planning will say that this kind of a project does exactly the opposite. Which is to say that you are just bringing in wealthier residents who will only want to shop at large, brand-name shops, and this will cause local businesses to disappear. If your community is really a whole city, then why should people living there ever leave to shop at local shops?

Moretti: Well, this kind of thing is going on all the time, of course. The same thing happens, on a smaller scale, every time Starbucks opens a coffee shop and puts some local coffee shop out of business. So, yes, of course, that will happen to some extent. But what people forget is that by bringing in money and business, local property rates also go up. Edo Moors or Roppongi or Shiodome — none of these are cut off from the city. The community around them gets a kind of reputation for being interesting or sophisticated, and that spreads to the businesses outside the complex as well.

アンドリュー・ポッツ、司会者：こんにちは、皆さん。「トーキング・トゥデイ」へようこそ。アンドリュー・ポッツです。今日お越しいただいたのは、ヨーロッパで数多くの大規模な都市再開発計画を担当されている、高名な建築家であり都市プランナーのグスターボ・モレッティさんです。彼は、浅草近くに建設中の江戸ムーアと呼ばれる複合施設で、設計と監修に協力するために招かれています。当番組へようこそ、モレッティさん。

グスターボ・モレッティ：ありがとうございます。呼んでいただいて光栄です。

ポッツ：では、江戸ムーア・プロジェクトについて少し話していただけますか。ここで話題になっているのは、どれほど大規模な開発なのでしょうか。

モレッティ：広大です。構想としては、一種の自給自足型の都市を開発するもので、隅田川沿いの5キロメートルにわたる、およそ10平方キロメートルを占める予定です。

ポッツ：つまり、都市の中の小都市？

モレッティ：その通りです。

ポッツ：それで、この新都市の中にはどんなものが建てられるのでしょうか。

モレッティ：そうですね、現時点では詳細は当然、かなり大まかなものです。角にマクドナルドができるかどうかといったことはお話しできません。しかし、この複合施設には人々が日常生活で必要とするものが何でも存在することになります。手始めに、共同住宅が何棟かできますし。

ポッツ：共同住宅は何棟ほどになりますか。

モレッティ：今のところ、それぞれおよそ200戸の高層ビルを5棟と考えています。加えて、企業が入居する中央オフィスビルもできる予定で、出張に来るビジネスパーソンのためのホテルやサービス付きアパートも備えることになります。もちろん、食料雑貨店や洋服店、薬局、レストラン、ペットショップなど、必要なものが何でもあるショッピング区域もできます。また、医院やスポーツクラブ用のスペースもありますし、ナイトクラブや複合型映画館、画廊を備えた娯楽区域もあります。

ポッツ：おや、それはどうもどこかで聞いたような話ですね。あなたもきっとご存じのことでしょう。東京近郊では同じようなプロジェクトが幾つも建設されています。六本木、汐留、表参道、お台場などですね。なぜ、東京に新しいコミュニティーを作り出すこうした動きがあるのでしょうか。

モレッティ：東京はあまりに大きくなり過ぎたため、従来の都市概念にそぐわなくなってしまいました。それは、幾つもの都市のような中心地を持つ、大都市圏です。東京の大きさを平均的な都市と比較すると、東京の中に江戸ムーアのようなものを建設するのは、ほかの都市で新しいビルを一つ建てるのにほぼ相当するのです。

ポッツ：ですが、なぜその資金を既存コミュニティーの開発に使わないのでしょう?

モレッティ：でも、ある意味において、私たちはそれをしているのです。通常の都市開発の手法ですと、各企業は、すでに確立されたビジネスエリアたる地域

に移転しようとするだけです。開発されていない地域から資金が離れ、表参道や渋谷といった場所に流れていくという動きが絶えずあります。普通、それは避けがたい傾向なのです。しかし、まるっきり新しいコミュニティーを開発するということは、新しい地域を豊かにすることにもなります。

ポッツ：さて、この種の都市開発に反対する人々は、こうしたプロジェクトがまったく逆のことをもたらすと言うでしょう。つまり、あなた方は大規模なブランドショップでしか買い物をしたがらない裕福な住民を呼び入れるだけで、そうなると地元の商店が消えていくことになるだろうということです。あなたの作るコミュニティーが本当に一つのまとまった都市なのであれば、そこに住む人々が地元の店へ買い物に出掛けるべき理由はありませんね？

モレッティ：まあ、もちろんこの種の問題はずっと起こり続けています。もっと小さな規模でも同じことが起こっていて、スターバックスがコーヒーショップを開店するたびに、どこか地元の喫茶店が閉店に追い込まれます。ですから、そう、当然それはある程度起こります。しかし、人々が忘れていることは、資金と事業を呼び込むことで、地元の不動産相場が上がるということです。江戸ムーアにしても六本木にしても汐留にしても——こうした区域はどれも都市から切り離すことができません。周辺のコミュニティーは、興味深くて洗練されているという一種の評判を獲得しますし、それは複合施設外の企業にも波及していくのです。

(B)

[設問から得られるヒント]

3人の人物が、Edo Moorsについて意見を述べ合っているようだ。それぞれの考えや立場を整理しながら聞こう。

[設問ごとのリスニングポイント]

(6) ベンは江戸ムーアに否定的な意見を述べていると考えられる。その理由らしき部分を探しながら聞こう。

(7) リナは逆に、江戸ムーアのよい点を挙げていると考えられる。Rinaと呼び掛けられている箇所の後を注意深く聞こう。

(8) greenhouse gasesやbuildingという語句に注意し、それらの関係についてどんな感想が述べられているかを聞き取ろう。

(9) 江戸ムーアが環境に与えそうな悪影響についてベンが述べている部分が、おそらく後半にあると推測できる。

(10) リナが、江戸ムーアに住む話を後半でしていると考えられる。moveという語に注意してみよう。

(6) 正解：e)

ベンが江戸ムーアに住むことに反対の立場なのはなぜか。

a) かつて空港で働いていた（から）。

b) 費用がかかりすぎるだろうと思っている（から）。

c) 共同住宅に住みたくない（から）。

d) その地域は川に近すぎると思っている（から）。

e) 画一的すぎてつまらないだろうと想像している（から）。

解説

冒頭で江戸ムーアに住みたいか尋ねられたベンは、Noと否定した後、there's no character（特徴がない）と言っている。また、空港に似ていると述べた後で、all the same shops selling all the same things（同じような物ばかりを売る同じような店が並んでいる）などとも説明しているので、e)が答えだと分かる。

(7) 正解：b)

リナは、自分が江戸ムーアのどの側面を気に入りそうだと思っているか。

a) 店がたくさんできそうであること。

b) 気候に害を及ぼしそうにないこと。

c) 空港から遠くなりそうであること。

d) グローバル企業がそこに本社を構えそうであること。

e) カーボンファイバーの建築素材を使いそうであること。

解説

感想を求められたリナが、the buildings will be environmentally friendly and have a low carbon footprint. I like that aspect a lot.（建物は環境に優しくて［二酸化］炭素排出量も低くなるはず。その点はとてもいいと思う）と述べていることから、b)が選べる。

(8) 正解：d)

温室効果ガスと建物の関係について、カレンはどう思っているか。

a) 斬新そうである。
b) かなり明白そうである
c) 信じ難そうである。
d) 複雑そうである。
e) 炭素に重点が置かれているかのようである。

【解説】

リナが it's something to do with the amount of greenhouse gases a building will use throughout its life（建物がそのライフサイクル全体で使用する温室効果ガスの総量が関係している）と説明し、計算の仕方を話すと、カレンが Wow, that sounds complex.（うわあ、複雑そうね）と反応しており、答えは d) だと分かる。

(9) 正解：a)

ベンによると、江戸ムーアが環境に悪くなりそうなのは

a) その地域の緑地の規模を縮小する場合。
b) 古い建物を改修するプログラムが破棄される場合。
c) 人々に多くのお金を使わせようとする場合。
d) 建物の炭素排出量が高い場合。
e) 最低でも数軒の歴史的建物もない場合。

【解説】

ベンが後半で If it's replacing old buildings with new ones that will be good for the environment in the long run, but（古い建物を新しいのに建て替えるのなら長い目で見て環境にいいだろうけど）と言った後に注意。続けて if it's replacing parks, etc., it will be terrible（もし公園や何かのあったところにできるなら、ひどいことになる）と述べており、要するに「建物ではなく公園のような緑地の代わりに建てるのは環境破壊だ」と言っていると考えられるので、正解は a)。

(10) 正解：e)

リナが喜んで江戸ムーアに移り住むのは

a) 学業を終えてから。
b) 博物館がたくさんある場合。
c) 安い賃貸料しか払わなくていい場合。
d) 週末を田舎で過ごす時間がある場合。
e) そこを売却するのに必要な期間だけ。

【解説】

リナは最後の部分で I'd move in like a shot and then sell up as quickly as I could and move out to the countryside.（喜んで入居して、その後できるだけ早く売り払って田舎に移り住む）と言っているので、e) が正解。「週末を田舎で過ごす」という話をしているのではないので、d) は誤り。

▶スクリプトと訳

(B) 08 Rina Ben Karen

Rina: Would you want to live in Edo Moors, Ben?

Ben: No, I wouldn't! I don't like those types of places where everything's shiny and new and there's no character. It would be like living in an airport. It makes me want to get on a plane and fly away just thinking about it.

Karen: An airport?

Ben: Yes, you know, all the same shops selling all the same things. Countries are losing their identity as these huge global corporations take over and put their standardized stores on every corner.

Karen: It sounds great to me! I like the idea of everything being fresh and clean and in good working order. But then again I like airports, where they only sell the newest products. How about you, Rina?

Rina: I'm not sure. I suppose, like all new places these days, the architects will be incorporating all the latest technology into the buildings. So, the buildings will be environmentally friendly and have a low carbon footprint. I like that aspect a lot.

Karen: I didn't know buildings have a carbon footprint. How do they work that out?

Rina: I'm not sure exactly, but it's something to do with the amount of greenhouse gases a building will use throughout its life. They add up the carbon that's used in the building materials and all the carbon the building will require for energy.

Karen: Wow, that sounds complex.

Ben: I'm pretty sure the builders have to show the regulators that any new buildings they're going to construct meet certain environmental standards.

Rina: Yes, they do. It's a good way to attract people to new buildings, too. Generally, I think ordinary people are aware of the climate crisis and want to do something to reduce global warming, so they would want to live in a place that is good for the environment if they could.

Karen: That's another reason I'd like to live there, then.

Ben: But, Karen, in the talk, they didn't say what Edo Moors was going to replace. If it's replacing old buildings with new ones that will be good for the environment in the long run, but if it's replacing parks, etc., it will be terrible. We need fewer buildings, not more. They should be retrofitting old places, not building brand-new ones. You can't build your way to a green future.

Karen: I think you're worrying too much, Ben. If the regulations for construction projects include making sure the buildings have a low carbon footprint, I'm sure they'll also have regulations to cover the overall environmental impact of the project.

Ben: I'm more cynical than you, Karen. We all know about the corruption there's been in the construction industry.

Rina: Yes, but anyway, on a practical level, I'm sure I'll never be able to afford to live somewhere like Edo Moors.

Karen: Oh, I know none of us students could afford to live there now. But what if you were offered a place for free; would you take it?

Rina: I'd move in like a shot!

Ben: I'm shocked, Rina. I thought you were the artistic type. You like old buildings and traditional communities, don't you? I thought that's why you're always going to museums.

Rina: Oh, yes; I am like that. What I mean is, I'd move in like a shot and then sell up as quickly as I could and move out to the countryside. Imagine the sort of place you could buy in the country for the price of an apartment in Edo Moors.

リナ：江戸ムーアに住みたいと思う、ベン？

ベン：いや、住みたくないね！　何もかもがピカピカ新しくて特徴のない、ああいうタイプの場所は好きじゃないんだ。空港に住むようなものだよ。考えただけで、飛行機に乗ってどこかへ飛んで行きたくなる。

カレン：空港？

ベン：そうさ、ほら、同じような物ばかりを売る同じような店が並んでて。こういう巨大グローバル企業がどこの街角にも進出して画一的な店を構えるせいで、各国はアイデンティティーを失いつつあるよ。

カレン：私にとってはうれしい話！　何もかもが新しくて清潔できちんと機能しているって思えるのはいいもの。でも話を戻すと空港も好きなのよ、最新の商品しか売られていないから。あなたはどう、リナ？

リナ：どうかしら。たぶん、最近の新しい場所はどこもそうだけど、設計者たちが建物に最新技術を取り入れるでしょうね。そうすると、建物は環境に優しくて（二酸化）炭素排出量も低くなるはず。その点はとてもいいと思う。

カレン：建物に炭素排出量があるのは知らなかった。どんなふうに算出するの？

リナ：正確には分からないけど、建物がそのライフサイクル全体で使用する温室効果ガスの総量が関係しているの。建築素材に使われた炭素や、その建物がエネルギーとして必要とする炭素を合計するのよ。

カレン：うわあ、複雑そうね。

ベン：建設会社は、建設しようとしている新しい建物が特定の環境基準を満たしていることを監督機関に示す必要があるはずだよ。

リナ：ええ、そうよ。新しい建物に人を引き付けるためのいい方法でもあるわ。一般に、普通の人たちは気候変動の危機を認識してて、地球温暖化を減速させたいと思っているから、可能であれば環境のためになる場所で暮らしたいと思っているはず。

カレン：じゃあ、それも私が住みたいもう一つの理由になるわ。

ベン：でも、カレン、あのトークでは、江戸ムーアが何に取って代わるのかを言っていなかったよ。古い建物を新しいのに建て替えるのなら長い目で見て環境にいいだろうけど、もし公園や何かのあったところにできるなら、ひどいことになる。僕たちに必要な建物の数は減ってるんだ、増やす必要はない。古い場所を改修すればいいんだ、新しいのを建てるんじゃなくて。ものを建てながら、環境に優しい未来へは進めないんだよ。

カレン：あなたは心配のし過ぎだと思う、ベン。建設プロジェクトの法規に建物の炭素排出量を低く抑えることも含まれているなら、プロジェクトの環境への影響全体を規定する法規もきっとあるはずでしょ。

ベン：僕は君よりひねくれてるんだ、カレン。建設業界にはびこる腐敗については周知の通りだからね。

リナ：そうね、でもどっちにしろ実際的なレベルでは、私は江戸ムーアみたいな場所に住むほどのお金は持てそうにない。

カレン：あら、確かに私たち学生は今のところ誰もそこに住めないけど。でも、

無料で住めるっていう申し出があったらどう？　申し出を受ける？

リナ：喜んで入居する！

ベン：ショックだな、リナ。君は芸術家タイプだと思ってた。古い建物や伝統的なコミュニティーが好きなんじゃないの？　だからいつも博物館に足を運んでいるんだと思ってたけど。

リナ：あら、そうよ、私はそういうタイプ。私が言いたいのはね、喜んで入居して、その後できるだけ早く売り払って田舎に移り住もうっていうこと。江戸ムーアのマンション価格で田舎ならどれだけの場所が買えそうか、考えてもみてよ。

(C)

[設問から得られるヒント]
ざっと目を通すだけでも、「映画が社会に与えてきた影響」がテーマであることが分かる。
[設問ごとのリスニングポイント]
(11) motion picturesとmoviesは同じものを指すので、選択肢の違いはhabits（習慣）の前の単語のみである。
(12) cheap entertainment（安価な娯楽）がキーワードになるはず。これを待ち構えながら聞いてみよう。
(13) 映画とニュースの関係について語られる箇所があるはずである。
(14) 5つの選択肢のうち4つは述べられているはずなので、該当する内容が聞こえてきたら消しながら解答しよう。
(15) 講義なので冒頭で主旨が分かると予測できるが、全体から判断する必要があるかもしれない。2回目の放送で確実につかもう。

(11) 正解：c)

次に挙げる映画の影響のうち、講師が直接述べているのはどれか。

a) 映画はアメリカ人の読書習慣を変えた。
b) 映画はアメリカ人の睡眠習慣を変えた。
c) 映画はアメリカ人の娯楽習慣を変えた。
d) 映画はアメリカ人の消費習慣を変えた。
e) 映画はアメリカ人の食習慣を変えた。

解説

第2段落のOne area that movies have forever altered is Americans' leisure time.（映画がすっかり変えてしまった分野の一つが、アメリカ人の娯楽時間）からc)が選べる。leisureがそのまま放送文に出てくるので分かりやすいはず。

(12) 正解：b)

講義によると、数百万人の移民にとって、映画に行くことは安価な娯楽であり、

a) 重労働から逃避する方法であった。
b) アメリカの習慣を学ぶ方法であった。
c) ストレス発散の方法であった。
d) 英語を学ぶ方法であった。
e) ニュースを見る方法であった。

解説

第4段落のFor millions of immigrants（数百万人の移民にとって）で、放送文と設問の重なりに気付くことができる。さらに、設問にあるcheap entertainment（安価な娯楽）も登場する。これがキャッチできれば、続くa way to learn the customs of their new country（新しい国の習慣を学ぶ方法）も聞き取れるはずだ。

(13) 正解：a)

ニュース映画の歴史について、何が述べられているか。

a) 1920年代には、ニュース映画はとても人気のある情報源だった。
b) 1930年代には、20分間のニュース映画が人々にニュースを伝えた。
c) 1940年代には、ニュース映画が月替わりで上映され始めた。
d) 1950年代には、ニュース映画がテレビより人気を得た。
e) 1960年代後半には、ニュース映画はテレビニュースに取って代わられた。

解説

第6段落の but historically, they also influenced journalism and public opinion.（しかし、歴史的にジャーナリズムや世論にも影響を与えてきた）あたりから、問われている箇所が近づいたことが予測できる。同じ段落の In the 1920s, '30s and '40s, newsreels appeared weekly and were a very popular news source（1920年代、30年代、そして40年代にかけて、ニュース映画は週替わりで上映され、とても人気のあるニュース情報源だった）から、a) が選べる。

(14) 正解：e)

映画の影響として述べられていないものは次のうちどれか。

a) 人々が午後を異なる方法で過ごし始めた。
b) 世論が影響を受けた。
c) 子どもたちが、映画で知った言葉遣いをまね始めた。
d) 人々の空想が、スクリーン上で見たものを反映し始めた。
e) 映画を見る人は、概して教育水準が高いことが判明した。

解説

a)は第2段落、b)は第6段落、c)とd)は第7段落に出てくる。e)のようなことは述べられておらず、また、最終文の in general, the studies have found an inverse relationship between education and the influence of the motion pictures（概して、教育と映画からの影響は反比例の関係にあることが、こうした研究では判明している）とも食い違うので、正解は e)。

(15) 正解：a)

講義の主旨を最も適切に説明しているのは、次のうちどれか。

a) 時を経る中で、映画の影響は明らかになってきた。
b) 歴史的に、映画は社会に2方向から影響を与えてきた。
c) 映画は若いアメリカ人たちに崇拝されている。
d) アメリカのライフスタイルが、映画をすっかり変化させてきた。
e) 映画批評が重要な分野になってきている。

解説

英語のスピーチや文章は、基本的に「主張→主張の根拠→主張の再確認」という構成になっているため、たいていは冒頭に main point（主旨）が来る。この講義も、冒頭の2つのセンテンスで最も言いたいことを述べ、それを時を追いながら具体的に説明する流れになっている。

▶スクリプトと訳

(C) 🎧 09

① Motion pictures have brought about major social changes. Historically, movies have helped to shape many of the customs and attitudes in U.S. society. Whether or not movies affect us for the better is still debated.

② One area that movies have forever altered is Americans' leisure time. As far back as the 1920s, movies replaced vaudeville shows as the most popular form of entertainment. Young Americans quickly voted with their feet and chose movies as their favorite leisure activity. Social habits switched from spending afternoons in parks to sitting inside theaters.

③ The movie industry strongly changed business practices. As feature-length films started to become popular, the companies that could afford high production costs quickly dominated. To this day, the film industry is made up of a small number of global businesses that follow the same patterns established in the 1920s.

④ By the 1950s, movies were a cultural institution. In fact, the concept of popular culture comes from movies. For millions of immigrants, going to a movie was cheap entertainment and a way to learn the customs of their new country. But to nearly everyone in the United States, Hollywood became a constant source of fixed cultural images. Helped by newspapers and magazines, Hollywood began turning movie stars into cultural icons. These icons appealed to large groups of American society, and they were adored. Some of these icons were dismissed as stereotypical or unlikable, but others, such as James Dean, Audrey Hepburn, Marilyn Monroe and Humphrey Bogart, have stood the test of time.

⑤ The idea of movies as a cultural institution has its foundations in the American poet Vachel Lindsay. His book *The Art of the Moving Picture* was the first to call movies an "art form." It was first published in 1915, and with it, film criticism was born. Movies became a topic worthy of study. This trend has continued because so many universities teach film as part of their curricula.

⑥ Motion pictures remain an entertainment medium, but historically, they also influenced journalism and public opinion. In the 1920s, '30s and '40s, newsreels appeared weekly and were a very popular news source. Eventually, by the nature of streamlining production, big movie studios controlled the content of newsreels. Content was standardized to 10-minute reels, and audiences started to expect to see a certain format: the national news, followed by one or two local features, then something about Europe, and then perhaps a human-interest story. Later, this format was used by broadcast news reporting. Newsreels were replaced in popularity by television news in the late 1950s and early 1960s.

⑦ The first attempt in the U.S. to study the effects of movie viewing was in the early 1930s when The Payne Fund, a private foundation, began examining the effects of attending motion pictures. This research began to establish what impact film had on society. According to more recent studies, children and young adults copy the speech and behavior found in movies. Other studies have found that people's wants, desires and fantasies are reflections of what they watch in films. Also, in general, the studies have found an inverse relationship between education and the influence of the motion pictures.

①映画は社会に大きな変化をもたらしてきました。歴史的に、映画はアメリカ社会における習慣や態度を形成してきたのです。映画が私たちによい影響を与えているかどうかは、いまだ議論の域を出ません。

②映画がすっかり変えてしまった分野の一つが、アメリカ人の娯楽時間です。さかのぼること1920年代、映画は演芸ショーに代わって最も人気のある娯楽形式となりました。若いアメリカ人たちは、そこ（演芸ショー）へ行かないことで意思表示をし、お気に入りの娯楽活動として映画を選び取りました。社会習慣は、午後を公園で過ごすことから映画館の中で座ることへと切り替わりました。

③映画産業はビジネス慣習を著しく変化させました。長編映画が一般的になり始めるにつれ、高い製作費を出せる会社がたちまち優位に立ちました。現在に至るまで、映画産業は、1920年代に確立された同じパターンをなぞる、少数の世界的企業で構成されています。

④1950年代までに、映画は文化的な機関となりました。事実、大衆文化の概念は映画に由来しているのです。数百万人の移民にとって、映画を見に行くことは安価な娯楽であり、新しい国の習慣を学ぶ方法でした。しかし、アメリカに住むほとんどすべての人にとって、ハリウッドは固定化された文化的イメージを絶え間なく生み出す源となりました。新聞や雑誌の力を借りて、ハリウッドは映画スターたちを文化的偶像へと仕立て上げ始めました。こうした偶像はアメリカ社会の大半の層の心をとらえ、崇拝の対象となりました。これら偶像の一部はステレオタイプ的だとかいけ好かないとかの理由で排除されましたが、ほかの、例えばジェームズ・ディーンやオードリー・ヘプバーン、マリリン・モンロー、ハンフリー・ボガートなどは、時の試練に耐えてきました。

⑤文化的な機関としての映画という考え方は、アメリカの詩人ヴァチェル・リンゼイに基づいています。彼の著書The Art of the Moving Picture（映画芸術）は、映画を「芸術形式」と呼んだ初めてのものでした。これは1915年に初

版が刊行されましたが、これをもって初の映画評論が生まれたのです。映画は研究に値する話題となりました。この流れはずっと続いています。というのも、非常に多くの大学が、カリキュラムの一部として映画(学)を教えているのです。
⑥映画は娯楽メディアであり続けていますが、しかし、歴史的には、ジャーナリズムや世論にも影響を与えました。1920年代、30年代、そして40年代にかけて、ニュース映画は週替わりで上映され、とても人気のある情報源でした。やがて、能率的な製作の常として、大手の映画撮影所がニュース映画の内容を仕切るようになりました。内容は10分間のフィルムに標準化され、観客は特定のフォーマットを見ることを予期するようになりました。全国ニュース、続いて地方の話題を1つか2つ、それからヨーロッパの話題、そして場合によっては三面記事的な話題を1つというフォーマットです。後に、このフォーマットは放送のニュース報道に用いられました。ニュース映画は1950年後半から1960年前半にかけて、テレビニュースに人気を奪われました。
⑦映画鑑賞の影響に関する研究がアメリカで初めて試みられたのは、1930年代前半です。ペイン財団という民間の財団が、映画に出掛けたときの影響の調査を始めたのです。この調査が、映画が社会に及ぼした影響力を立証する手始めとなりました。より最近の研究によると、子どもや若い成人たちが、映画で知った言葉遣いや振る舞いをまねているということです。また、別の研究では、人々の望みや欲求や空想には映画で見たことが反映されていると分かりました。また、概して、教育と映画からの影響は反比例の関係にあることが、こうした研究では判明しています。

Comment from Kimutatsu

日本語が行き交う日常の中で英語を勉強するわけやから、リスニングは毎日やった方がいい。長い英文で音読やシャドーイングをし、ディクテーションまでやるとなるとかなりの時間がかかるけど、ちゃんとやれば必ず聞けるようになる。リスニングは満点を取ることもできるセクションなのに、やらないで受験に失敗するのはもったいないよ。

🎧 10

(A)

これから放送するのは、旅行代理店での客と係員との会話である。これを聞き、(1) ～ (5) の問いに対して、それぞれ最も適切な答えを一つ選べ。

(1) **When is the woman planning to go on vacation with her husband?**

    a) In the spring.
    b) In the winter.
    c) In a week and a half.
    d) Three weeks from now.
    e) She has yet to decide.

(2) **In the conversation, what does the woman mean when she says, "Well, where do they start?"**

    a) Where do the flights depart from?
    b) She doesn't know how to begin explaining.
    c) What is the lowest price?
    d) Where is the first tour location?
    e) How do people begin planning their trip?

(3) **What does the travel agent recommend?**

    a) She should rest on the beach the whole time.
    b) She should spend three weeks in a nice hotel.
    c) She should spend the longest time in the countryside.
    d) She should spend half her time sightseeing and half on the beach.
    e) She should spend only a day in the city.

(4) **Where is the old capital city?**

   a) In Bangkok.
   b) About one hour from Bangkok.
   c) On the east coast.
   d) In the jungle.
   e) In Cambodia.

(5) **Which of the following places does the agent NOT recommend?**

   a) A famous bridge.
   b) The palace.
   c) Islands with nice beaches.
   d) A famous temple in Cambodia.
   e) A nearby old city.

🎧 11

(B)

これから放送するのは、観光客2人と観光ガイドによる、(A)と内容的に関連した会話である。これを聞き、(6) 〜(10)の問いに対して、それぞれ最も適切な答えを一つ選べ。

(6) **Which of the following outfits would not be allowed in the palace area?**

   a) Jeans, sneakers and a T-shirt.
   b) A long dress, a hat and pumps.
   c) Sandals, a tank top and pants.
   d) Army pants, a jacket and boots.
   e) A short skirt, canvas shoes and a mask.

(7) **When was the Grand Palace completed?**

   a) About 2,000 years ago.
   b) About 1785.
   c) In the late 1800s.
   d) Three years ago.
   e) It is still being built.

(8) **What is special about the Grand Palace Hall?**

a) It was the first building to be built in Bangkok.
b) The king and queen live there.
c) It is in Ayutthaya.
d) It was designed by a British architect.
e) It contains an emerald Buddha.

(9) **To see the Emerald Buddha close up, what are people encouraged to do?**

a) Buy a postcard.
b) Take a photo.
c) Use binoculars.
d) Stand very close to the statue.
e) Pay the guide an extra fee.

(10) **Which statement is NOT true about the Emerald Buddha?**

a) It is made of green jade.
b) No one knows who made it.
c) Only the king can change its clothes.
d) It is the largest statue in Thailand.
e) It is not easy to see.

🎧 12

(C)

これから放送する民話についての講義を聞き、(11)〜(15)の問いに対して、それぞれ最も適切な答えを一つ選べ。

(11) What is the main subject of this lecture?

a) Sleep and beauty in the 19th century.
b) A comparison of famous folk tale collectors' different methods.
c) Two issues regarding early childhood education.
d) Historic achievements in recording technology.
e) The influence of the upper class on literature.

(12) What does the lecturer say about traditional folk tales?

a) They were very difficult to remember.
b) Charles Perrault created most of them himself.
c) They were not usually written down.
d) They were famous literature.
e) Teaching them was generally considered a waste of time.

(13) How many years passed between Perrault's collection and the Grimms'?

a) About six.
b) About nine.
c) More than 100.
d) Almost 1,000.
e) They came out in the same year.

(14) What is one reason the lecturer gives for Perrault including more details?

a) Perrault's publisher paid more money for more words.
b) Perrault didn't want people to be able to remember his stories.
c) Perrault had a reputation for telling long stories.
d) Perrault wanted the stories to be more literary.
e) Perrault had a greater vocabulary.

(15) Which of the following statements about Perrault is NOT true?

a) He wanted his stories to be used for education.
b) He felt that literature should continue to evolve.
c) He thought that teaching ancient literature was unnecessary.
d) He used his stories as a form of critique.
e) He mostly collected his stories from villagers.

解き終わったら、次ページからの
解答と解説をチェック！

Trial Test 3
▶解答と解説

(A)

[設問から得られるヒント]
旅行代理店で交わされる会話である。女性と旅行代理店員が登場し、時期や観光地について話しているようだ。

[設問ごとのリスニングポイント]

(1) 旅行代理店での会話であれば、「いつを予定していますか?」と聞かれたり、自分から「○○ごろ行きたいのですが」と言ったりすることが予測できる。

(2) 直訳すると「それらはどこから始まるのですか?」。これだけでは意味はつかめない。ただし言葉が引用符(" ")でくくられており、放送文中にそのままの形で出てくるはず。前後をよく聞いて意味をつかもう。

(3) 旅行代理店員は何を勧めているか。選択肢中の単語をキーワードに聞いていくしかない。

(4) old capital およびそれを言い換えた言葉に集中しよう。

(5) 選択肢のうち4つは放送文に登場するはず。選択肢をできるだけ記憶し、該当するものが聞こえたら排除していこう。

(1) 正解:a)

女性はいつ夫と休暇に行くことを計画しているか。

a) 春に。
b) 冬に。
c) 1週間半後に。
d) 今から3週間後に。
e) まだ決めていない。

解説

放送文に登場する語を含む選択肢が幾つかあるが、女性の最初の発言 My husband and I are thinking of taking a trip to Thailand next April(夫と私で次の4月にタイに旅行しようと考えている)から、a)が正解となる。この問題に視線を置きながら放送を聞いていれば、すぐに正解が選べる。next April が、選択肢では In the spring に言い換えられている。

(2) 正解:c)

会話の中で、女性が「Well, where do they start?」と言っているとき、どんなことを言いたいのか。

a) 飛行機はどこから出発するのか。
b) どうやって説明を始めればいいのか分からない。
c) 最低の金額はいくらか。
d) 最初のツアーの場所はどこか。
e) 人々は旅行の計画をどうやって始めるのか。

これも序盤のやりとり。予算を尋ねられてこう問い返しているので、一番安いツアーの値段を尋ねていると考えられる。ここでは「そうですね、いくらからあるんですか?」という意味。

(3) 正解：d)

旅行代理店員はどんなことを勧めているか。

a) すべての時間をビーチで休息するとよい。
b) すてきなホテルで3週間過ごすとよい。
c) 田舎で一番長く過ごすとよい。
d) 時間の半分を観光に使い、半分をビーチに使うとよい。
e) 1日だけ街で過ごすとよい。

解説

会話の半ばで女性が「約3週間いるつもり」と言ったのを受け、代理店員は here's what I'd recommend: Travel near Bangkok for a week and a half（お薦めがありますよ。バンコク近辺の1週間半の旅行です）と言っている。その後で you can go to the beach for the rest of your time.（余った時間はビーチに行けばいいでしょう）と言っていることから、d) が正解。

(4) 正解：b)

古い首都はどこにあるか。

a) バンコクに。
b) バンコクから1時間ほどのところに。
c) 東海岸に。
d) ジャングルに。
e) カンボジアに。

解説

すべての選択肢が放送文中に登場するのでしっかり区別したい。後半で代理店員が Ayutthaya is just an hour north.（アユタヤは北に1時間です）と言った後、It's the ruins of the old capital（あそこは古い首都の遺跡で）と説明しているため、聞き逃してしまう可能性もある。old capital にピンと来たら、2回目の放送では必ず聞き取ろう。

(5) 正解：d)

旅行代理店員が薦めていない場所は次のうちどれか。

a) 有名な橋。
b) 宮殿。
c) すてきなビーチのある島々。
d) カンボジアの有名な寺院。
e) 近隣の古い都市。

解説

カンボジアのアンコール・ワットは、後半のやりとりでアユタヤと比較しつつ挙げられているだけで、今回の旅行先として薦められているわけではない。代理店員の発言にCambodiaが出てくることに惑わされず、内容を理解して答えよう。

▶スクリプトと訳

(A) 🎧10 Woman 🇺🇸 Agent 🇺🇸

Woman: My husband and I are thinking of taking a trip to Thailand next April, and we want to see what kind of travel packages you have to offer.

Agent: OK. And how much are you looking to spend?

Woman: Well, where do they start?

Agent: Flights generally begin at around $1,200, but naturally, you can go as high as you like with those. And we have some fairly reasonable hotel packages, particularly for Bangkok. What kind of vacation are you looking for?

Woman: Well, we don't want to spend all of our time in the city. What is there to see there? In the city, I mean.

Agent: The biggest attraction is probably the Royal Grand Palace. It's highly recommended. Everyone I've spoken to says it's really incredible and definitely worth spending a couple of days in Bangkok to see. And there is the floating market — that's a market where everything is sold from boats. Then there are some night markets, plenty of other temples ...

Woman: OK. The palace sounds interesting. We were told that there are some beautiful beaches in Thailand, but is it still possible to go there? I mean, after the earthquake and everything?

Agent: Oh, certainly. Some of the best beaches are on the east coast islands, like Koh Samui. They weren't affected at all.

Woman: That sounds good. What else is there? I mean, is there something else we should take the time to see?

Agent: Well, there's a lot. But it depends on how much time you have. It's a pretty big country, and you can't fly to some places.

Woman: We were planning to take about three weeks ...

Agent: Oh, well, in that case ... Hmm. OK, here's what I'd recommend: Travel near Bangkok for a week and a half — see the palace, explore the city and take a few day trips outside the city. Then, you can go to the beach for the rest of your time.

Woman: What kind of day trips are we talking about?

Agent: Ayutthaya is just an hour north. It's the ruins of the old capital, and it's supposed to be really beautiful. It's a bit like Angkor Wat, if you've heard of that.

Woman: Yes, I have.

Agent: OK, Ayutthaya is similar but much more accessible and on a slightly smaller scale.

Woman: That sounds pretty interesting. Do you need a guide or anything? I've never been in the jungle before.

Agent: Oh, no, no. It's not like Cambodia. Everything is wide open. There's no jungle at all. In fact, parts of the town are built right next to the ruins. It takes a good day to see everything, though, so you'd need to leave Bangkok really early if you want to make it a day trip.

Woman: Wait. I remember something I read about it. What was it? The bridge. That famous bridge ...?

Agent: That was my next suggestion! The Bridge on the River Kwai. Yeah, it's pretty popular and only a few hours out of Bangkok as well. Actually, I've been told the countryside is really beautiful out there. Lots of people go out for the day and wind up staying longer.

Woman: OK. I'm going to need to think about some of this.

女性：夫と私で次の4月にタイに旅行しようと考えていて、どんな旅行パックがご提供いただけるのか見てみたいのですが。

旅行代理店員：分かりました。ご予算はおいくらですか？

女性：そうですね、いくらからあるんですか？

代理店員：飛行機は一般的に1200ドルはかかります。でももちろん、ここからお好きなだけ高くすることができます。それから、バンコクだけに限った大変お得なホテルパッケージがあります。どんな休暇をご希望でしょう？

女性：うーん、ずっと街中で過ごしたいとは思わないの。そこで何が見られるのかしら。その、街中でね。

代理店員：一番の目玉はおそらくロイヤルグランドパレスでしょうね。ここはかなりお薦めです。私が話したどんな人も、本当に信じられないくらい素晴らしく、見るためにバンコクに2、3日費やす価値が絶対にあると言います。それから、水上市場があります——すべてが船から売られる市場です。それから幾つかの夜の市場があり、ほかに寺院がたくさんありますが……。

女性：分かりました。その宮殿はよさそうですね。タイにはきれいなビーチが幾つかあると聞いたんですが、まだそこには行けますか？　つまり、地震とかいろいろなことの後ですから。

代理店員：ええ、大丈夫です。一番いいビーチの幾つかは、例えばコ・サムイのように、東海岸の島々にあります。そういったところはまったく影響を受けていません。

女性：それはいいですね。ほかに何があるかしら。その、時間をかけて見るべきものはあります？

代理店員：ええ、たくさんありますよ。でもそれはどれだけ時間があるかによります。かなり大きな国ですから、飛んでいけない場所もあるでしょう。

女性：約3週間はいるつもりなんですが……

代理店員：ああ、それでしたら……うーん。分かりました。お薦めがありますよ。バンコク近辺の1週間半の旅行です——宮殿を見て、街を探索して、何回か街の外に日帰り旅行に出ます。そうして、余った時間はビーチに行けばいいでしょう。

女性：日帰り旅行というのはどんなものがあるんですか？

代理店員：アユタヤは北に1時間ですね。あそこは古い首都の遺跡で、本当にきれいなはずですよ。ご存じであれば、少々アンコール・ワットのようでもあります。

女性：ええ、知ってます。

旅行代理店員：そうですか、アユタヤは似ていますよ。でもだいぶ行きやすくて、少しだけ小規模です。

女性：相当面白そうですね。ガイドか何かが必要なのかしら。ジャングルには行ったことがなくて。

代理店員：いやいや。そこはカンボジアと違いますよ。すべてが開けています。ジャングルなどではありません。実際、街の一部は遺跡に隣接してできていま

すからね。でも、すべてを見るには丸一日かかりますので、日帰りにしたいなら本当に早くバンコクを出なければなりません。

女性：待って。何か読んだことがあるのを思い出したわ。何だったかしら。橋だわ。あの有名な橋は……？

代理店員：それが私の次のお薦めでした！　クワイ川橋ですね。そう、すごく有名ですし、同様にバンコクからほんの数時間です。実のところ、そのあたりの田舎は本当にきれいだと聞いています。多くの人が一日のつもりで訪れ、結局長く滞在することになるんです。

女性：いいですね。この中から幾つか考えなくちゃ。

(B)

［設問から得られるヒント］

(A)の会話に出てきた宮殿の名前が登場している。また、禁止されている服装や建造物の歴史、仏像についての会話が交わされるだろう。

［設問ごとのリスニングポイント］

(6) 服装の規制について話されている部分を聞き取ればよい。選択肢そのままの単語あるいはそれに類する語が登場するか、あるいは「露出の少ないもの」などの抽象的な表現で説明されることが想定できる。

(7) Grand Palaceとcompleteをキーワードとして想定し、音声を聞いてみよう。メモは「完成した年」に関わりのある数字だけにしておく。

(8) Grand PalaceとGrand Palace Hallは違うもののはずなので、Hallと聞こえる箇所に注意。選択肢の単語を目で追いながら音声を聞こう。

(9) 仏像に寄って見るためには何をするよう言われているか。答えに当たる部分は、ガイドの説明に登場すると考えられる。

(10) NOTが入った問題。正解以外の選択肢は放送文に出てくるので、内容予測の重要なカギとなる。消去法で答えを探そう。

(6) 正解：c)

宮殿のエリアで許されない服装は次のうちどれか。

a) ジーンズとスニーカーとTシャツ。

b) ロングドレスと帽子とパンプス。

c) サンダルとタンクトップとズボン。

d) アーミーパンツとジャケットとブーツ。

e) 短いスカートとズック靴とマスク。

解説

ガイドが最初の発言中に、服装についてのルールを説明している。no shorts, flip-flops or sleeveless shirts are permitted（ショートパンツ、サンダル、ノースリーブのシャツは許可されません）と言っており、これに当てはまるのはc)である。

(7) 正解：b)

グランドパレスはいつ完成したか。

a) 2000年前。

b) 1785年ごろ。

c) 1800年代後半。

d) 3年前。

e) まだ建設中である。

解説

選択肢中の数字はほぼすべて放送文に出てくるので、それぞれ何の数字かをきちんと聞き取りたい。ガイドがconstruction on the palace began ... in 1782, and it took three years to complete.（宮殿の建造が始まったのは1782年で、完成までに3年を要した）と説明しているの

で、b)が正解となる。

(8) 正解：d)

グランドパレスホールに関して、特別なことは何か。

a) バンコクにおける最初の建造物だった。
b) 王と王妃が住んでいる。
c) アユタヤにある。
d) イギリスの建築家によってデザインされた。
e) エメラルドの仏像が収められている。

解説

選択肢はどれも、放送文に出てきた語句を含んでいるが、グランドパレスホールの説明として正しいのは d)のみ。ガイドが案内の中で It was designed by a British architect（それはイギリスの建築家によってデザインされた）と述べていることから答えが分かる。

(9) 正解：a)

エメラルドブッダに寄って見るために、人々は何をするよう促されているか。

a) 絵はがきを買う。
b) 写真を撮る。
c) 双眼鏡を使う。
d) 像のすぐ近くに立つ。
e) ガイドに追加料金を払う。

解説

Emerald Buddha という名前が聞こえたら集中して聞こう。この仏像についてのやりとりがやや長く続くが、ガイドが If you want a closer look, there are postcards in the gift shop.（もっと寄って見たい場合は、お土産屋さんに絵はがきがある）と言っているので、a)が正解。

(10) 正解：d)

エメラルドブッダに関して、正しくないものはどれか。

a) 緑色のひすいでできている。
b) 誰が作ったか誰も知らない。
c) 王だけがその衣装を替えることができる。
d) タイで最大の像である。
e) 見るのが容易でない。

解説

聞き取るべき箇所が前の設問と近いため、聞き逃さないように注意したい。green jade はなじみのない表現かもしれないが、放送文では同じ言葉で the Emerald Buddha が説明されているので、たとえ意味が分からなくても正しいと判断可能。d)は放送文中に出てこない上に、The statue is actually quite small（その像は実のところとても小さい）という部分から誤りだと分かる。

▶スクリプトと訳

(B) Guide  Woman Man

Guide: Hello, everybody, and welcome to our tour of the Royal Grand Palace and Wat Phra Kaew, known in English as the Temple of the Emerald Buddha. We have a small group today, so if any of you have any questions, just ask.

First, a few do's and don'ts. You all seem to be wearing appropriate clothes today, but I just want to remind you that no shorts, flip-flops or sleeveless shirts are permitted. Also, please make sure you take off your shoes before entering the temples, and no photographs are allowed inside the buildings.

Woman: Excuse me!

Guide: Yes?

Woman: If we don't use a flash, would that be OK?

Guide: No, I'm sorry. No. No photos at all. But feel free to take all the pictures you like outside.

Guide: Now, construction on the palace began when King Rama I moved the capital to Bangkok in 1782, and it took three years to complete.

Man: Where was the capital before it moved to Bangkok?

Guide: It was just north of here, in a city called Ayutthaya, which is quite a popular place to visit as well. It has some lovely ruins.

Woman: Oh! We're going there the day after tomorrow!

Guide: Great. You should pay special attention today then, because you'll find that the Royal Grand Palace is an almost exact replica of the old palace grounds in Ayutthaya, with only a few changes. Among them is the central building, the Grand Palace Hall, which we'll see a little later. It was designed by a British architect, but it still has the colorful, Thai-style roof. It wasn't built until the late 1800s.

Woman: Is that the king's residence now?

Guide: No. I'm afraid we won't be bumping into any royalty today. The king and queen live in another palace not too far from here. But that palace is closed to visitors.

Man: Do they ever come here?

Guide: Oh, yes. Many of the temples here are important to the royal family, and there are certain traditions that must be followed. If we head over this way, I can give you an example.

Guide: OK, this beautiful temple is the Temple of the Emerald Buddha. It's one of the most important temples in all of Thailand, and it was also one of the first permanent structures to be built here.

Woman: Is there really a Buddha made of emerald inside? Or does it just have emeralds on it?

Guide: Actually, neither. The Emerald Buddha is made of green jade, and no one actually knows where it came from or who carved it. Legends say that it came from India more than 2,000 years ago. The statue is actually quite small, and very high up, so it is difficult to see, but remember when you go in, no pictures are allowed, OK? If you want a closer look, there are postcards in the gift shop.

Man: You mentioned that this temple was important to the royal family. Why?

Guide: Yes, that's right. The king is the only person who is allowed to change the Buddha's clothes. Three times a year, during the change of the seasons, the king places a different robe on the statue. Each robe is different, but they are all sewn with gold, and one is even covered in diamonds. People believe the ceremony brings prosperity and peace to Thailand.

ガイド：皆さん、こんにちは。ロイヤルグランドパレスと、英語ではエメラルドブッダ寺院として知られるワット・プラ・ケオのツアーへようこそ。今日は小さなグループを作っていますので、誰でも何でも、質問があればお聞きください。

　まず、ルールを説明します。今日は皆さん適切な服を着ているようですが、念のためお知らせすると、ショートパンツ、サンダル、ノースリーブのシャツは許可されません。また、寺院に入る前には靴を脱ぎ、建物の中では写真を撮らないでください。

女性：すみません！

ガイド：何ですか？

女性：フラッシュを使わなければ、写真を撮ってもいいのでしょうか？

ガイド：いいえ、申し訳ありませんが。駄目なんです。写真は一切撮らないでください。でも屋外であればご自由に撮影してください。

ガイド：さて、宮殿の建造が始まったのは、1782年にラマ1世王が首都をバンコクに移したときで、完成までに3年を要しました。

男性：バンコクに移る前の首都はどこだったんですか？

ガイド：このちょうど北で、アユタヤと呼ばれる都市です。アユタヤも非常に有名な観光地です。すてきな遺跡がありますよ。

女性：ああ！　私たち、あさって行く予定なのよ。

ガイド：いいですね。そうしたら、今日は特別に注意を払わないといけません。というのも、ロイヤルグランドパレスはアユタヤにある古い宮殿の敷地のほぼ完全な、多少の変更を加えただけのコピーだと分かるでしょうから。変更の一つはグランドパレスホールという中央の建物です。もう少し後で見ることができるでしょう。これはイギリスの建築家によってデザインされましたが、色彩豊かなタイ式の屋根があります。1800年代後半になってから建てられたものです。

女性：王様は住んでいるんですか？

ガイド：いいえ。残念ですが、今はもう王族に出会うことはありません。王と王妃はここから遠くない別の場所に住んでいます。でもそこは来訪者には閉ざされています。

男性：彼らがここに来ることはあるんですか？

ガイド：ありますよ。ここにある多くの寺院は王家にとって大事なものですし、実行されなくてはいけない決まった伝統があるんです。こちらの方向に向かうと、一例をお見せすることができます。

ガイド：はい、この美しい寺院はエメラルドブッダ寺院です。これはタイ中で最も有名な寺院の一つで、しかもタイで建てられた最初期の永久構造物の一つなんです。

女性：本当にエメラルドでできた仏像が中にあるんですか？　あるいはエメラルドを身に着けているのでしょうか。

ガイド：実は、どちらも違うんです。エメラルドブッダは緑色のひすいでできて

いて、どこから来たのか、誰が彫刻したのか知る者はいません。伝説によれば、これは2000年以上前にインドから来たそうです。この像は実のところとても小さくて、非常に高い所にあるため、見るのは難しいです。しかし、もし入ることになったときは、写真撮影は許されないことを思い出してください。いいですね？　もっと寄って見たい場合は、お土産屋さんに絵はがきがありますので。

男性：あなたはこの寺院が王族にとってとても重要だとおっしゃいましたよね。なぜですか。

ガイド：ええ、その通りです。王のみがブッダの衣装を替えることが許されているのです。年に3回、季節の変わり目の時期に、王は別の服を像に着せるのです。すべての服は異なっていますが、すべて金で縫われ、一つはダイヤモンドで包まれています。人々はこの儀式がタイに繁栄と平和をもたらしてくれると信じているのです。

(c)

[設問から得られるヒント]
民話についてのどんな講義だろうか。設問(12)〜(15)を見ていくと、民話収集家としてのペローとグリム兄弟の比較のようだ。

[設問ごとのリスニングポイント]

(11) 講義であるならば、最初に講義の主旨が説明されるのが普通。放送文の初めの部分がポイントになる。

(12) traditional folk tales やそれに類する語が聞こえてきたら要注意。

(13) 数字の聞き取りに集中する。ペローの採話とグリム兄弟の採話の時間差を計算する必要が出てくるかもしれないと、心の準備をしておこう。

(14) Perrault と details に集中して放送文を聞いていくしかなさそうだ。

(15) NOT が入った問題。4つは放送文の内容と一致するはずなので、その内容が述べられたら消去し、答えを絞ろう。

(11) 正解：b)

この講義の主題は何か。

a) 19世紀における眠りと美。

b) 著名な民話収集家たちの異なる手法の比較。

c) 子どもの早期教育に関する2つの問題。

d) 録音技術における歴史的な偉業。

e) 上流階級が文学に与えた影響。

解説

初めの方で講義の主旨が説明されている。第2段落冒頭で For now, I want to compare some of the early folklorists（今は差し当たり、初期の民俗学者を何人か比較したい）と述べてから民話収集と研究の方法に触れ、その後ずっとペローとグリム兄弟の比較が続くことから、答えは b) になる。

(12) 正解：c)

伝統的な民話について、講師はどんなことを言っているか。

a) 覚えるのが非常に難しかった。

b) シャルル・ペローがその多くを自作した。

c) 通常は書き留められることがなかった。

d) 有名な文学であった。

e) それらを教えることは、総じて時間の無駄だと考えられていた。

解説

第3段落の1文目、As you know, folk tales in Perrault and the Grimms' time were not written stories.（知っての通り、ペローやグリムの時代の民話は、書かれた物語ではなかった）から、c) を選べる。この文は本題が始まる部分であり、一呼吸置いて始まるので聞き取りは難しくないはず。

（13）正解：c)

ペローの採話からグリム兄弟の採話までの間に、何年がたっているか。

a）約6年。
b）約9年。
c）100年超。
d）1000年近く。
e）それらは同じ年に発表された。

解説

放送文では、それぞれの西暦年が述べられているので、計算が必要。第4段落冒頭の Now, Perrault's 1697 version of "Sleeping Beauty" is very different from the one recorded by the Brothers Grimm in 1806.（さて、ペローの1697年版「眠り姫」は、グリム兄弟が1806年に採話したものとだいぶ異なる）をしっかり聞き取って、西暦年をメモ。1806－1697＝109だから、c)の「100年超」となる。

（14）正解：d)

ペローが細部を追加した理由の一つとして講師が挙げていることは何か。

a）ペローの出版社が、語数が多いほどたくさんのお金を払った。
b）ペローは、人々が自分の物語を覚えられるようにしたくなかった。
c）ペローは長い話を語ることで定評があった。
d）ペローは、物語をより文学的にしたかった。
e）ペローは語彙がより豊富だった。

解説

ペローが細部を追加した経緯については、第6段落で詳しく説明されている。So why include the extra details? が聞こえたら、この設問に関係する部分に差し掛かったと見当を付けたい。注意して聞いていくと、he added a certain amount of "decoration" to make them more literary.（彼はそれらをより文学的にするため、ある程度の「装飾」を施した）と言われており、正解は d)だと分かる。

（15）正解：e)

ペローについての説明として正しくないのは、次のうちどれか。

a）自分の物語が教育のために使われることを望んだ。
b）文学は進化し続けるべきだと感じていた。
c）古い文学を教えることは必要でないと考えていた。
d）自分の物語を批評の一形態として使った。
e）物語をほとんど村人たちから収集した。

解説

a)に当たる内容は第6段落で、b)、c)、d)に当たる内容は第7段落で述べられている。第8段落によると、e)の内容はグリム兄弟に当てはまり、Perrault, on the other hand, most often chose to gather his stories from members of the upper class（一方、ペローは、多

くの場合、上流階級に属する人たちから物語を集めることを選んだ）と述べられているので、e)が正解。

▶スクリプトと訳

(C)

① Welcome back, everyone. I trust you all had a good weekend and that you did the reading assignment regarding folklore collecting and recording. We'll be taking a look at that chapter a little later today.

② For now, I want to compare some of the early folklorists and highlight some of the issues that affect the way that folklore is collected and studied today. For the sake of simplicity, we are going to look at Charles Perrault and the Brothers Grimm, all of whom collected versions of the famous tale "Sleeping Beauty."

③ As you know, folk tales in Perrault and the Grimms' time were not written stories. They were told by one person to another, remembered and told again. Perrault was one of the first people to begin collecting these stories, asking different people to tell him the folk tales, which he later wrote down. Strictly speaking, Perrault's versions of these tales are still considered collected folk tales even though he often used some very literary details when recording them.

④ Now, Perrault's 1697 version of "Sleeping Beauty" is very different from the one recorded by the Brothers Grimm in 1806. There are, of course, the simple changes that occur from telling to telling, person to person, and in different places. Perrault was collecting in France, while the Grimms lived all their lives in Germany. But Perrault's reasons for collecting, as well as his methods, are more responsible for the differences we see than simple geographic distance.

⑤ In his version, Perrault includes detailed descriptions of scenes and objects. For example, he talks about the place settings at the fairies' dinner table and the exact way that the princess looked while sleeping. This kind of detail is usually left out when a story is told orally. After all, if folk tales need to continue from generation to generation, they must be remembered, and complicated details make the story more difficult to recollect.

⑥ So why include the extra details? We should first remember that Perrault was a wealthy man living among wealthy people. He had a reputation as a literary gentleman and wanted his stories to entertain and teach the upper classes. So, while most scholars agree that he used genuine stories as a starting and finishing point, he added a certain amount of "decoration" to make them more literary.

⑦ Perrault also believed that literature, like science, needed to move forward and change. He felt that teaching ancient books was a waste of time. The act of collecting folk stories from the people and rewriting them was a kind of new literary form for him. Perrault also openly criticized authority and excess, although he was a member of the upper class himself. Certain details of the story, such as the excesses of the king and queen in trying to have a child, seem to be attacks on the political system, which he felt was holding society back. There are no such details in the Grimms' version.

⑧ Finally, while Perrault and the Grimms were all university-educated scholars, the brothers collected their stories from villagers and farmers who were often not formally educated. As you can see, the Grimms' methods were similar to the ones we use today. Perrault, on the other hand, most often chose to gather his stories from members of the upper class. Therefore, his storytellers would have been educated in literature and poetry, and it is possible that they also added extra details in order to entertain Mr. Perrault, whose strong opinions on literature were well-known.

⑨ The change in methods is quite clear when comparing these two versions. While both Perrault and the Grimms believed that there was a purity and higher value in folk tales, Perrault hoped to refine them, while the Grimms chose the more modern method of collecting and recording the stories as they were originally told.

①ようこそ、皆さん。きっと皆、楽しい週末を過ごして、民話の収集と記録に関する読書課題に取り組んだことでしょう。その章は今日のもう少し後で見てみることにします。

②今は差し当たり、初期の民俗学者を何人か比較し、今日の民話収集と研究の方法に影響を与えた点を幾つか取り上げたいと思います。簡単に説明するために、シャルル・ペローとグリム兄弟を見てみます。彼らは皆、有名な物語「眠り姫」の異なる版を採話しました。

③知っての通り、ペローやグリムの時代の民話は、書かれた物語ではありませんでした。それらは、1人の人から別の人へと語られ、記憶され、また語られました。ペローはこうした物語を収集した初期の人物の1人で、いろいろな相手に民話を語ってほしいと頼み、それを後に書き留めました。厳密に言って、こうしたペロー版の民話は、記録時に彼がしばしば非常に文学的な細部記述を用いたにもかかわらず、やはり採集民話と見なされています。

④さて、ペローの1697年版「眠り姫」は、グリム兄弟が1806年に採話したものとだいぶ異なります。もちろん、人から人へ口伝えされたり、場所が違ったりすることから生じる単純な変化もあります。ペローはフランスで採話していましたが、一方のグリム兄弟は生涯をドイツで暮らしました。けれど、ペローの手法だけでなく採話理由も、単なる地理的距離に見られる以上の違いを生み出したのです。

⑤ペローは自身の版において、場面や物の細かな描写を取り入れています。例えば、彼は妖精の晩餐の席の食器一式や、眠っている王女の姿の事細かな様子について語っています。こうした細部は普通、口頭で語る際には省略されるものです。最終的に民話が世代から世代へと受け継がれるべきものであるなら、それらは記憶されなければなりませんから、複雑な細部は物語を記憶しにくくしてしまうのです。

⑥では、なぜ余分な細部を含めたのでしょう？　ペローが富裕層の中に生きたお金持ちの人物だったということを、まず覚えておかねばなりません。彼は文学的な紳士としての評判が高く、自分の物語が上流階級の娯楽となり教訓となることを望んでいました。ですから、彼がスタート時点とゴール時点で本当の民話を使ったことについてはほとんどの学者が意見を同じくしていますが、彼はそれらをより文学的にするため、ある程度の「装飾」を施したのです。

⑦ペローはまた、文学にも科学と同様に、前進と変化が必要だと信じていました。大昔の本について教えることは時間の無駄だと感じていました。民話を人々から収集して書き直すという行為は、彼にとって、新しい文学形態の一種であったのです。ペローはまた、自身が上流階級の一員であるにもかかわらず、権威や行き過ぎた行為をあからさまに批判しました。この物語（眠り姫）のある細部、例えば子どもをもうけるための王と王妃の行き過ぎた行為などは、社会の進展を遅らせると彼が感じていた政治体制への攻撃とも見受けられます。グリム版にはこうした部分はまったくないのです。

⑧最後に、ペローとグリム兄弟はいずれも大学教育を受けた学者でしたが、グ

リム兄弟はその物語を、正式な教育を受けていないことが多かった村人たちや農民たちから収集しました。お分かりの通り、グリム兄弟の手法は私たちが現在使っている手法に似ています。一方、ペローは、多くの場合、上流階級に属する人たちから物語を集めることを選びました。従って、彼に話を聞かせた人たちは文学や詩の教養があったため、その人たちがペロー氏を喜ばせるために余分な細部を付け加えた可能性もあります。ペロー氏の文学に対する強い意見はよく知られていましたから。

⑨これら2つの版を比較すると、手法の違いは実に明らかです。ペローとグリム兄弟はどちらも民話に純粋さと高い価値があると信じていましたが、ペローはそれらを洗練させようとし、一方のグリム兄弟は、本来語られていたままの物語を収集し保存するための、より近代的な手法を選んだのです。

 Comment from Kimutatsu

聞けないからといってイライラしていると余計に聞けなくなります。眉間に皺を寄せてないで、リラックス！ リスニングではリラックスすることが大切な要素。練習のときには細部まで聞こうとする姿勢が大事やけど、試験のときには多少聞き取れなくても焦らずに、「次の段落から挽回してやるぞ」という気持ちで臨もう！

Welcome to
Kimutatsu's
Cafe 2

コラム「Kimutatsu's Cafe」では、
キムタツ先生のお知り合いの先生方に話を伺います。

「発音」を意識して
単語や表現を増やしていこう

加藤仁恵先生（KATO, Hitoe）渋谷教育学園幕張中学校・高等学校 教諭

　皆さんは、自分が覚えている単語をすべてきちんと発音できますか？　また、音だけを聞いてすぐに、それが何という単語か頭に浮かびますか？

　ここで、私の教え子の体験談を紹介します。彼が家族とアメリカの某有名テーマパークに行き、レストランに入ろうとしたときのこと。普段から成績もよく、英語に比較的自信のあった彼は、家族の先頭に立って入り口へ。そこで案内係の人に "Do you have any アラジン in your family?" と尋ねられました。いくらテーマパークの中とはいえ、「なぜここで『アラジン』？」と困惑しながらも、彼は、きっと大したことではないだろうと判断して "No, we don't." と答えました。

　その後、ホテルの部屋でたまたまテレビのニュースを見ていたところ、レストランで聞いた「アラジン」がまた耳に飛び込んできました。慌てて画面の見出しを見ると、そこには "allergies" という単語が。「え？　これの発音、『アレルギー』じゃないの!?」

　そう、彼はレストランで "Do you have any **allergies** in your family?" つまり、「ご家族に、何か（食物）アレルギーはありますか」と尋ねられていたのです。でも、単語としては知っていて、文字で書かれていればすぐに分かったはずのallergy（と複数形のallergies）の正しい発音を知らなかったのです。幸い、家族の誰にも食物アレルギーはありませんでしたが、もしあったら、大変なことになっていたかもしれません。

　英語は「言葉」ですから、日本語の場合と同じように、目だけでなく、耳から得る情報も多いはず。常に発音を意識することはとても大切だと思います。でも、この彼のように、「見れば意味が分かる」「読解問題では高得点が取れる」からと、発音をあまり重視しない生徒が案外多いのです。特にカタカナ語の中には、発音やアクセントの位置などが英語と日本語とで大きく異なるものが数多くあります。それらを、カタカナ語の発音のまま覚えてしまっていませんか？単語や表現を自分でも発音でき、聞いて分かるかどうかで、リスニングの得点が左右されるのはもちろんですが、場合によっては、生活に影響が及ぶことさえあるのです。ぜひ発音を意識しながら、単語や表現を増やす努力をしてください。

　ちなみに、彼がなぜallergies（を「アラジン」と聞き違えたのか、皆さんには分かりますよね。そして本当の「アラジン（Aladdin）」はどう発音しますか？　2つの語の発音をチェックしてみてください。

🎧 13

(A)

これから放送するのは、あるテレビ番組における、**Patricia Lao**という人物へのインタビューである。これを聞き、(1) ~ (5) の問いに対して、それぞれ最も適切な答えを一つ選べ。

(1) **According to Dean Weller, who is Patricia Lao?**

    a) The founder of a culinary school.

    b) The head of a food and nutrition task force.

    c) A researcher in microbiology and genetics.

    d) The British minister of state for agriculture and food.

    e) A professor of nutrition at a college.

(2) **What does Lao say regarding Weller's eating habits during lockdown?**

    a) Most people followed the same pattern.

    b) He is one of the less healthy examples.

    c) It was the first time she'd heard of that kind of behavior.

    d) She behaved in exactly the same way.

    e) His reaction was most common in food-conscious people.

(3) **According to Lao, COVID-19 lockdowns around the world**

    a) caused most people to improve their eating habits.

    b) generally made nutrition worse among wealthy people.

    c) made little difference to eating habits.

    d) resulted in different situations depending on the country.

    e) caused food shortages in the United Kingdom.

(4) **Why did the quality of people's diets go down in Zimbabwe?**

   a) Lockdowns there were longer than in other countries.
   b) Most people did not know how to cook.
   c) People feared catching COVID-19 through food.
   d) Food prices rose dramatically.
   e) Healthy restaurants were put out of business.

(5) **Which of the following is NOT mentioned as a reason that many people ate more during lockdown?**

   a) Comfort eating due to anxiety.
   b) Stocking the house with too much food.
   c) An increase in snacking behavior.
   d) Cooking larger portions at home.
   e) Eating due to boredom.

🎧 14

(B)

これから放送するのは、(A) の番組を見たNathanとRebeccaが交わす会話である。これを聞き、(6) 〜 (10) の問いに対して、それぞれ最も適切な答えを一つ選べ。

(6) **Why is Nathan familiar with the British health and nutrition study?**

   a) He helped to design it.
   b) He heard about it on the news.
   c) Rebecca sent an article to him.
   d) He studied it in one of his classes.
   e) He coauthored the research paper.

(7) What does Nathan suggest about the study?

    a) It reveals a 2 percent rise in people's weight in the U.K.
    b) It shows that lockdown had no effect on people's health.
    c) It demonstrates how statistics can deceive.
    d) It proves that the U.K. has better nutrition than the U.S.
    e) It indicates the kinds of food that were most popular during lockdown.

(8) Regarding the statistics on weight loss, Rebecca believes that

    a) most people who lost weight will be pleased.
    b) the study was flawed.
    c) it is the only good thing to come out of COVID-19.
    d) students lost more weight than most people.
    e) we need to consider people's starting weight.

(9) According to Nathan, what does the study say about people who had unhealthy eating habits before lockdown?

    a) Their nutrition and health became increasingly worse.
    b) Many of them actually improved their habits during lockdown.
    c) They were mostly people with lower incomes.
    d) They were the least likely to improve their behavior.
    e) Their habits were unrelated to gaining or losing weight.

(10) How did Nathan and Rebecca's food habits differ during lockdown?

    a) Nathan snacked a lot while Rebecca did not.
    b) Nathan survived mostly on takeaway food and Rebecca did not.
    c) Rebecca started eating at expensive restaurants and Nathan did not.
    d) Rebecca ate more due to depression and Nathan did not.
    e) Nathan started cooking at home and Rebecca did not.

🎧 15

(C)

これから放送する講義を聞き、(11) ～ (15) の問いに対して、それぞれ最も適切な答えを一つ選べ。

(11) In the lecture, ethnomusicology is defined as

    a) the study of musicianship.
    b) a uniquely human survival tool.
    c) human culture.
    d) a branch of anthropology.
    e) the history of music.

(12) According to the lecture, music arises from

    a) the rhythm of the physical world.
    b) people's ability to interpret music.
    c) the human ability to use symbols.
    d) the understanding of people's creation.
    e) opportunities for people to improvise.

(13) Why is it suggested that record producers are needed?

    a) They can financially reward artists.
    b) They can create a clearer message.
    c) They can compose original music.
    d) They can distort the music.
    e) They can guarantee fame.

(14) Which of the following is said about an interpretive approach?

    a) It can reveal the true meaning of music.
    b) It focuses on ethnomusicology.
    c) It shows us cultural and social data.
    d) It can neglect complexities in music.
    e) It has influenced India and Tibetan Buddhism.

(15) **Which of the following is NOT a universal organizing feature of music throughout the world?**

    a) Scale.
    b) Tonality.
    c) Marketing.
    d) Rhythm.
    e) Social function.

解き終わったら、次ページからの
解答と解説をチェック！

Trial Test 4
▶解答と解説

(A)

[設問から得られるヒント]
質問文や選択肢にeating habits、lockdown、COVID-19などが登場しており、新型コロナによるロックダウン期間の食習慣についてのインタビューではないかと予測できる。
[設問ごとのリスニングポイント]
(1) インタビュー相手の紹介は、初めの方で行われるはず。Patricia Laoという人名を待ち構えて聞こう。
(2) インタビュアーが自身の食生活について話している箇所、およびそれへのラオのコメントを聞き取ればよい。
(3) 世界各地における、新型コロナによるロックダウンの食生活への影響が話されている部分を注意深く聞こう。
(4) Zimbabweが最大のキーワード。食事の質が低下した経緯を聞き取ろう。
(5) 5つの選択肢のうち4つは話に登場するはずなので、聞こえたものを消去しながら聞いていけばよい。

(1) 正解：b)

ディーン・ウェラーによると、パトリシア・ラオとはどんな人物か。

a) 料理学校の創設者。
b) 食事と栄養に関する特別チームのリーダー。
c) 微生物学と遺伝学の研究者。
d) イギリスの農業と食べ物を担当する大臣。
e) 大学の栄養学教授。

解説

司会者のディーン・ウェラーが最初の発言（番組の導入部分）でPatricia Lao, who is head of the Buxley Institute's COVID-19 Task Force for Nutrition（パトリシア・ラオさん、彼女はバクスリー研究所の新型コロナ栄養特別チームのリーダー）と紹介しているので、答えはb)。

(2) 正解：e)

ウェラーのロックダウン中の食習慣に関して、ラオは何と言っているか。

a) ほとんどの人が同じパターンをたどった。
b) 彼はあまり健康的でない人の一例である。
c) 彼女がそのような行動を耳にしたのは初めてである。
d) 彼女もまったく同じように行動した。
e) 彼の反応は食べ物への意識が高い人々に最もよく見られた。

解説

中ほどでウェラーがWell, personally,（まあ、私個人の話をすると）と切り出し、自分の食生活

の変化を話すと、ラオが that's definitely one pattern that we've found — but usually among more food-conscious and wealthier individuals（それも確かに私たちの目に留まったパターンの一つですが、通常、食べ物への意識が高く、裕福な人の間で見られるパターン）とコメントしている。従って、正解は e)。

(3) 正解：d)

ラオによると、新型コロナによる世界的なロックダウンは
a) 大半の人々に食習慣を改善させた。
b) 裕福な人々の栄養状態を全般に悪化させた。
c) 食習慣にほとんど変化を起こさなかった。
d) 国によって異なる状況をもたらした。
e) イギリスで食料不足を引き起こした。

解説

中ほどでウェラーが the effects of COVID-19 lockdowns on diet（新型コロナによるロックダウンの食生活への影響）について尋ねたのに対し、ラオ There are large differences from country to country.（国によって大きな違いがある）と答えているので、d)が正解だと分かる。

(4) 正解：d)

ジンバブエで人々の食事の質が下がったのはなぜか。
a) 当地のロックダウンがほかの国より長引いたから。
b) 大半の人が料理の仕方を知らなかったから。
c) 人々が、食べ物を通じて新型コロナにかかることを恐れたから。
d) 食料価格が劇的に上昇したから。
e) 健康的なレストランが営業できなくなったから。

解説

ラオは In Zimbabwe, for example, food prices went up enormously.（例えばジンバブエでは、食べ物の値段が大幅に上がった）と述べ、その結果、一部の人は健康的な食事に手が届かなくなったと伝えている。従って d)が正解。

(5) 正解：b)

ロックダウン中に食べる量の増えた人が多かった理由として述べられていないのは、次のうちどれか。
a) 不安のせいで、心を落ち着かせるために食べてしまうこと。
b) 家に食べ物を買いだめしすぎたこと。
c) 間食行為の増加。
d) 自炊で一食分を多めに作ってしまうこと。
e) 退屈しのぎに食べること。

解説

後半のラオの発言 people reported eating more food than before（人々が以前よりたくさ

ん食べるようになったと報告されている）以降に、その理由や具体例が挙げられている。a)、c)、d)、e)はすべて登場するが、b)については言及されていない。

▶スクリプトと訳

(A) I3　Dean Weller 　Patricia Lao

Dean Weller, Host: Good morning, everyone, and welcome to "Healthline Today." I'm Dean Weller. Later this morning we'll be talking about superfoods and just how super they really are. Then, we'll look at an ambitious new study that hopes to catalog the DNA of all the microbes in your gut. But right now, I'm joined by Patricia Lao, who is head of the Buxley Institute's COVID-19 Task Force for Nutrition. She is here to talk to us about the impact of COVID-19 on people's nutrition and what effect the lockdowns have had.

Patricia Lao: Hello, Dean.

Weller: Thanks for joining us, Patricia.

Lao: Well, thank you for having me.

Weller: Now, you can probably explain this better than I can — what is the COVID-19 Task Force for Nutrition?

Lao: Well, the Buxley Institute has been around for 15 years now. In normal times, our goal is to study how differing diets affect the health of people around the world. When the lockdowns started and people were stuck at home, we realized that a lot of these food and diet patterns were about to change. So the institute put together a team that would begin to collect as much data as we could find to look into what COVID-19 might have done to people's diet and food habits.

Weller: Well, personally, it meant that I was suddenly eating three meals a day at home. Normally, I would buy my lunch almost every day and maybe go out for dinner once or twice a week. It really made me get more creative about what I was cooking. I wanted to keep it interesting.

Lao: Yes, and that's definitely one pattern that we've found — but usually among more food-conscious and wealthier individuals. It's definitely not the most common result.

Weller: So, are you saying that for the most part, the effects of COVID-19 lockdowns on diet were negative?

Lao: Well, that's a surprisingly difficult question to answer. There are large differences from country to country. In Zimbabwe, for example, food prices went up enormously. This put healthier foods out of reach for some people. So their diet quality was drastically reduced. In Britain, however, food prices changed very little, if at all. As a result, changes in diet were largely due to individual psychology. Each person's reaction to the lockdown was different — some got healthier and some became less healthy.

Weller: Were there any conclusions that you were able to draw from the study as a whole?

Lao: Again, it's different from place to place. In many wealthier countries, what we saw was that the "average" healthiness of daily meals stayed approximately the same. What this means is, for every person who ate better, someone else ate worse. So there were major changes among individuals, but the average result across the country stayed about the same. However, on the whole, people reported eating more food than before. And snack foods and comfort eating increased.

Weller: So, people who are stuck at home resort to boredom eating.

Lao: Yes, some eat out of boredom, of course, but others eat more because they are cooking for themselves and making larger portions. Others still eat more due to depression or anxiety. And some develop a habit of snacking more often. And while there was some weight loss reported, the general trend seems to have been toward weight gain.

ディーン・ウェラー、司会者：おはようございます、皆さん、「ヘルスライン・トゥデイ」へようこそ。ディーン・ウェラーです。今朝は後ほど、スーパーフードの話題を取り上げ、それが実際いったいどれほどスーパーなのか論じます。それから、腸内細菌すべてのDNAを一覧にしようという、野心的な新しい研究に目を向けます。ですがまずは、パトリシア・ラオさんをお招きしましょう、彼女はバクスリー研究所の新型コロナ栄養特別チームのリーダーです。新型コロナが人々の栄養状態に与える影響と、ロックダウンがどんな波及効果をもたらしているのか教えてもらうため、お越しいただきました。

パトリシア：こんにちは、ディーンさん。

ウェラー：ご出演いただきありがとうございます、パトリシアさん。

ラオ：こちらこそ、お招きありがとうございます。

ウェラー：さて、これについてはきっと私よりうまく説明していただけるでしょう――新型コロナ栄養特別チームとは何ですか？

ラオ：ええと、バクスリー研究所は、設立されてかれこれ15年になります。通常時の私たちの目的は、さまざまな食生活が世界の人々の健康にどのような影響を及ぼすのかを調査することです。ロックダウンが始まり人々が家から出られなくなったとき、私たちは、こうした食べ物や食事のパターンの多くが変化しつつあることに気付きました。そこで、当研究所では、新型コロナが人々の食生活や食習慣に与えたと思われる影響を調べるため、探せる限りのデータ収集を開始するチームを立ち上げたのです。

ウェラー：まあ、私個人の話をすると、急に毎日3食を家で取ることになりました。普通なら、昼食はほぼ毎日買って済ませていましたし、たぶん週に1、2回はディナーに出掛けていました。コロナのおかげで自分が料理するものにもっと工夫をするようになりました。飽きが来ないようにしたかったので。

ラオ：そうですね、それも確かに私たちの目に留まったパターンの一つですが、通常、食べ物への意識が高く、裕福な人の間で見られるパターンです。決して最も一般的な結果ではありません。

ウェラー：つまり、ほとんどの場合、新型コロナによるロックダウンの食生活への影響はネガティブなものだったというのですか？

ラオ：ええと、それは答えるのが驚くほど難しい質問です。国によって大きな違いがあります。例えばジンバブエでは、食べ物の値段が大幅に上がりました。このせいで一部の人たちは健康的な食事に手が届かなくなりました。つまり、その人たちの食事の質は大幅に低下しました。しかしイギリスでは、食べ物の価格は変動したとしてもごくわずかでした。その結果、食生活の変化は個人の心理によるところが大きくなりました。ロックダウンに対する反応は人によってさまざまでした――つまり健康的になった人もいれば、不健康になった人もいました。

ウェラー：調査全体から導き出すことのできる結論は何かありましたか？

ラオ：繰り返しになりますが、場所によって異なるのです。裕福な国の多くで私たちが見たところでは、日常の食事の「平均的な」健康度はほぼ同じままでし

た。この意味するところは、食事が向上した人がいれば、その分だけ食事が悪化した人もいるということです。ですから、個々の人たちの間では大きな変化があったのに、国全体の平均的な結果はほぼ同じままとなりました。とはいえ、全体的に、人々が以前よりたくさん食べるようになったと報告されています。そして、間食と、気分を落ち着けるために食べる行為が増えています。

ウェラー：つまり、家から出られない人々が、退屈しのぎに食べる行為に走るのですね。

ラオ：はい、もちろん退屈から食べる人もいますが、自炊をして1食分をたくさん作ってしまうせいで食べる量が増える人もいます。そのほか、気分の落ち込みや不安のせいで食べる量が増える人もいます。また、間食の回数が増えて習慣化する人もいます。そして、体重が減ったという人も一部にいると報告されていますが、大方の傾向としては体重増加の方が見られます。

(B)

[設問から得られるヒント]

NathanとRebeccaの2人が、(A)に登場した調査について話しているようだ。この調査についてのそれぞれの見解が語られると予測できる。

[設問ごとのリスニングポイント]

(6) 最初の設問なので、会話の初めの方に答えに当たる部分が登場すると予測できる。どのような経緯でこの研究を知ったのか話している箇所を聞き取ろう。

(7) 選択肢によく目を通してから、調査についてネイサンがコメントしている部分を聞いてみよう。

(8) weightをキーワードに、レベッカの意見を整理しながら聞こう。

(9) unhealthy eating habitsをキーワードに、ネイサンの発言を聞いていこう。

(10) お互いが食習慣について語り合っている箇所があるはず。最後の設問なので、後半部分にあると予測して聞こう。

(6) 正解：d)

ネイサンはなぜ、イギリスの健康と栄養に関する調査のことをよく知っているのか。

a) その策定を手伝った（から）。

b) ニュースで聞いたことがあった（から）。

c) レベッカが記事を送っていた（から）。

d) 授業の一つでそれについて調べた（から）。

e) 調査論文を共同執筆した（から）。

解説

ネイサンが最初の発言でwe actually looked into that U.K. nutritional study in my statistics class（実は、統計学のクラスで、さっきのイギリスの栄養学の調査をちょうど調べた）と言っているので、d)が正解。

(7) 正解：c)

ネイサンはその調査についてどんなことを示唆しているか。

a) イギリスで人々の体重が2%増加したことを明らかにしている。

b) ロックダウンが人々の健康に何も影響を及ぼさなかったことを示している。

c) 統計がどのように人を欺き得るかをよく示している。

d) イギリスの栄養状態がアメリカよりもよいと証明している。

e) ロックダウン中に最も人気があった食べ物の種類を示している。

解説

レベッカが調査の奇妙さを指摘したのを受けて、ネイサンは、It's an example of how sometimes the average outcome can hide a large change in specific numbers or behaviors.（個々の数値や行動の大きな変化を、平均値が隠してしまうことがあるという一例だ）と述べ、その後も、調査結果の数字がどう受け取られる可能性があるかに触れながら話を進めている。彼がここで展開している話に合致するのはc)である。

(8) 正解：e)

体重減少に関する統計について、レベッカの考えでは

a）体重が減った人のほとんどは喜ぶはずである。
b）調査に不備がある。
c）新型コロナの結果生じた唯一のよいことである。
d）学生たちは一般の人たちよりも体重が減っている。
e）人々の元の体重を考慮する必要がある。

解説

会話の中ほどでレベッカが「体重が減った人が必ずしも喜んでいるとは言えない」と述べた後、Some people who were at a healthy weight, or even underweight, might have lost too much（健康的な体重だったり、さらには低体重だったりした人が、体重が減り過ぎたかもしれない）と説明していることから、正解はe)となる。

(9) 正解：b)

ネイサンによると、ロックダウン前に不健康な食習慣だった人々に関して、この調査はどんなことを伝えているか。

a）栄養と健康の状態がますます悪くなった。
b）その多くが実際にはロックダウン中に習慣を改善した。
c）その人たちはほとんど低所得者であった。
d）習慣を改善する可能性が最も低かった。
e）彼らの習慣は体重の増減と無関係だった。

解説

ネイサンがthere's one other thing I remember that study saying（その調査で伝えられていたことでもう一つ覚えていることがある）と言った後の部分に注意。people who had slightly unhealthy habits before lockdown often improved them（ロックダウン前に少し不健康な習慣があった人は、習慣が改善することが多かった）と続けているので、答えが分かる。

(10) 正解：a)

ネイサンとレベッカのロックダウン中の食習慣は、どう違っていたか。

a）ネイサンは間食を多くしたが、レベッカはしなかった。
b）ネイサンは持ち帰り料理でしのいだが、レベッカはそうではなかった。
c）レベッカは高価なレストランで食事をするようになったが、ネイサンはそうではなかった。
d）レベッカは気分の落ち込みから食べる量が増えたが、ネイサンはそうではなかった。
e）ネイサンは自炊を始めたが、レベッカはしなかった。

解説

最後近くの2人のやりとりにこの話題が出てくる。ネイサンがI've been snacking a lot lately.（最近はしょっちゅう間食をしている）と言ったのに対し、レベッカがI'm kind of the opposite.（私はどっちかというと逆）と返し、「以前はよくスナックを買っていたが、家にいるようになって買わなくなった」と話していることから、a)が選べる。

▶ スクリプトと訳

(**B**) **14**   Rebecca   Nathan

Rebecca: Nathan, you told me that you were working on a report about this very issue, didn't you?

Nathan: Yeah, you know, we actually looked into that U.K. nutritional study in my statistics class.

Rebecca: Really? It's kind of strange to think that a study can show very little change on average and yet so many people changed their diets and gained or lost weight.

Nathan: Yeah, that was why we looked at it. It's an example of how sometimes the average outcome can hide a large change in specific numbers or behaviors.

Rebecca: It makes you wonder what the point of a study is, if it doesn't really show you what you're looking for. They were trying to figure out the impact of lockdown on people's health, and the answer was basically ... it didn't.

Nathan: Well, yes and no. I'm not sure of the exact numbers, but I think about 32 percent of people said they lost 4 kilograms and 34 percent said they gained about that amount. So, yes — if you only look at the final numbers, it may seem like most people maintained their weight. But when you look at it in terms of individuals, it means 66 percent of the population experienced a pretty big change in weight, both up and down. That's a much more accurate measurement of the impact.

Rebecca: Right. Wow. That is pretty major. I suppose a lot of people will think that the people who lost weight are happier, but that won't necessarily be the case either. Some people who were at a healthy weight, or even underweight, might have lost too much because they weren't eating well enough. That's not a good thing.

Nathan: I hadn't really thought about it that way, but, yeah. You're right, Rebecca. You know, there's one other thing I remember that study saying — people who had slightly unhealthy habits before lockdown often improved them. Like, people who ate a lot of fast food took the time to learn how to cook. So maybe, after things go back to normal, those people will have healthier habits. Then, if the people who gained weight go back to eating well ...

Rebecca: Everyone will be healthier overall? Hmm ... I'm not so sure about that.

Nathan: I can dream, can't I?

Rebecca: When I think about it, during the early parts of the pandemic, I was cooking more at home. I just wanted more variety, you know? There are only so many pasta dishes you can make before you get sick of eating pasta. But later on, I started getting takeout. At least, I wasn't going to any restaurants. Maybe it worked out about the same as my usual diet.

Nathan: You mean before COVID, you ate out a lot?

Rebecca: Well, not at fancy restaurants or anything. Just pizza in the food hall or something from a food truck. You know — a quick lunch. I'd go to that little Indian place on the corner for dinner sometimes.

Nathan: Right. My biggest problem is that I started snacking. I've been snacking a lot lately. It's pretty hard to break the habit.

Rebecca: I'm kind of the opposite. I used to grab snacks from the store or machines or whatever while I was on campus. But when I was stuck at home, I just stopped buying them.

Nathan: Well, you're better off than me, in that case.

レベッカ：ネイサン、まさにこの問題についてのリポートに取り組んでるって言ってたわよね？

ネイサン：うん、実は、統計学のクラスで、さっきのイギリスの栄養学の調査をちょうど調べたんだよ。

レベッカ：本当に？　考えてみるとなんだか変よね、調査に示された平均には変化がないのに、それでいて、こんなにたくさんの人の食生活が変化して体重の増減があったなんて。

ネイサン：うん、僕たちが注目した理由もそれだよ。個々の数値や行動の大きな変化を、平均値が隠してしまうことがあるという一例なんだ。

レベッカ：求めていることがきちんと示されないとしたら、調査の意味が何だか分からなくなってしまうわね。人々の健康へのロックダウンの影響を調べようとしてたのに、その答えは要するに……影響がなかったってことになる。

ネイサン：うーん、イエスでもありノーでもあるね。正確な数字は自信がないけど、確か32%の人が4キロやせたと言っていて、34%がそのくらい太ったと言っていた。だから、そう——最終的な数字だけを見た場合、ほとんどの人は元の体重を維持したように思えるかもしれない。だけど個々の人たちに関して見ていくと、66%の人がかなり大きな体重の変化を経験していることになるよね、増減の両方で。これなら、影響をずっと正確に測定していることになる。

レベッカ：そうね。なるほど。それはかなり大きいわね。たぶん、体重の減った人が喜んでると考える人が多いでしょうけど、これも必ずしもそうとは言えないでしょうね。健康的な体重だったり、さらには低体重だったりした人が、十分な食事を取っていなかったせいで体重が減り過ぎたかもしれないし。それはいいことじゃないもの。

ネイサン：そんなふうに考えたことはなかったけど、そうだね。君の言う通りだ、レベッカ。それと、その調査で伝えられていたことでもう一つ覚えていることがある——ロックダウン前に少し不健康な習慣があった人は、習慣が改善することが多かったんだ。例えば、ファストフードをたくさん食べていた人が、この時間を使って料理の仕方を覚えたとか。だからたぶん、普通の状況に戻ってからも、そうした人たちには健康的な習慣が身に付いているだろう。それから、体重が増えた人も、ちゃんとした食生活に戻れば……

レベッカ：全体的に誰もが健康的になるっていうこと？　うーん……それはどうなのかしら。

ネイサン：夢を見るのは構わないだろう？

レベッカ：考えてみると、パンデミックの最初のころ、自炊をすることが多くなっていたの。ちょっとバラエティを増やしたかったのよね。作れるのはパスタ料理ばかりで、そのうちパスタを食べるのに飽きちゃうから。でも後になると、持ち帰り料理を買い始めて。それでもレストランには行っていなかったけど。たぶん結果的に、普段の食生活と同じような感じになってたわね。

ネイサン：つまり、コロナ前は外食が多かったってこと？

レベッカ：まあ、高級レストランとかそういうのじゃなくて。ただの、フードコートのピザとか、フードトラックで買う食べ物とか。ほら——手軽なランチよ。そこの角のインド料理店にたまに夕食を食べに行ったりしてた。

ネイサン：そうか。僕の最大の問題は間食するようになったことなんだ。最近はしょっちゅう間食をしているよ。この習慣を断つのがなかなか難しくて。

レベッカ：私はどっちかというと逆。大学に行っている間は、お店や自販機や何かでスナックを買ってた。でも家にいないといけなくなったら、そういうものを買わなくなったの。

ネイサン：じゃあ、その点に関しては、君の方が僕よりうまくやってるね。

(C)

［設問から得られるヒント］

民族音楽がテーマになっている。また音楽の成り立ちについても語られるようだ。

［設問ごとのリスニングポイント］

(11) いきなり難解な語が出てくるが、語末が -logy という形なので、何らかの学問だと推測できる。また、放送文でその定義が説明されるはずなので、焦らずじっくり聞こう。

(12) 音楽を生み出すもの。おそらく前半部分に登場すると考えられるので、選択肢を頭に入れて注意深く聞こう。

(13) record producers や needed をキーワードに、講義を聞き進めよう。

(14) an interpretive approach という語句を聞き逃さないようにしなければならない。

(15) 放送文中で、5つの選択肢のうち4つが言及されるはず。放送に登場した選択肢から消していこう。

(11) 正解：d)

この講義では、民族音楽学の定義は

a) 音楽的才能の研究。
b) 人間独特の生存のための道具。
c) 人間の文化。
d) 人類学の一部門。
e) 音楽の歴史。

解説

講義の冒頭で定義されている。This division of anthropology（この人類学の一部門）と言われていることから、答えは d)。division が質問文では branch と言い換えられていることに気付けば、たとえ anthropology の意味が分からなくても判断して答えることができるはず。

(12) 正解：c)

講義によると、音楽を生み出すものは

a) 物質世界のリズム。
b) 人々が音楽を解釈する能力。
c) 人間が記号を使う能力。
d) 人々が創造したものへの理解。
e) 人々が即興をする機会。

解説

第2段落の music comes from the human ability to use symbols to ...（音楽は、記号を使って……できる人間の能力から生まれている）から c) が正解。comes from が質問文では arise from に言い換えられている。

（13）正解：b)

レコードプロデューサーが必要なのはなぜだと示唆されているか。
a) アーティストに経済的報酬を与えることができる（から）。
b) より明確なメッセージを生み出すことができる（から）。
c) オリジナル曲を作ることができる（から）。
d) 音楽をひずませることができる（から）。
e) 名声を保証することができる（から）。

解説

第6段落のprofessional record producers and marketing planners are needed（プロのレコードプロデューサーやマーケティングプランナーが必要とされる）という部分の後に注意。Without a clear message or recognizable sound, music is considered difficult to merchandise.（明確なメッセージや特徴的なサウンド抜きに音楽を商品として売り込むのは難しいと見なされている）と言われているので、b)が正解。

（14）正解：a)

解釈的アプローチについて述べられているのは、次のうちどれか。
a) 音楽の真の意味を明らかにすることができる。
b) 民族音楽学に焦点を絞っている。
c) 文化的・社会的な情報を示してくれる。
d) 音楽の複雑さを無視することもあり得る。
e) インドやチベット仏教に影響を与えてきた。

解説

第7段落のan interpretive approach can show us the true meaning of music（解釈的アプローチによって音楽の真の意味が見えてくることもある）から、a)が正解。

（15）正解：c)

次のうち、世界共通の普遍的な音楽構成要素でないものはどれか。
a) 音階。
b) 調性。
c) マーケティング。
d) リズム。
e) 社会機能。

解説

事前に選択肢をしっかり頭に入れて、放送文を聞きながら出てきたものを消していく作業をする必要がある。a)とb)は第3段落、d)は第3段落と第4段落、e)は第5段落に出てくる。c)も放送文中に登場するが、音楽の構成要素として挙げられているわけではない。

▶スクリプトと訳

(C)

① The study of music in specific cultural settings is a specialized field called ethnomusicology. This division of anthropology is concerned with music as a reflection of people's cultural values and concerns. Ethnomusicology can help us better understand music. This understanding can lead to opportunities for people in all sorts of professions outside academic research, including producers, marketeers and critics.

② The theory behind ethnomusicology is this: Music is an example of the creative use of the human imagination to interpret, understand and enjoy life. Therefore, music comes from the human ability to use symbols to shape and give significance to the physical world for more than just survival.

③ Music throughout the world has organization in common. Anywhere we go, music is almost always perceived in terms of a scale. This means music is a closed system of rhythm and tonality. Scale systems organize music by determining what is possible for tone, melody and harmony. The Western system of music uses an eight-note scale, popularly memorized by the solfège, or "do, re, mi, fa, sol, la, ti and do."

④ A second organizing factor in music is rhythm. Traditional European music and classical music are measured into repeated patterns of two, three and four beats. The music of India typically uses repeated patterns of seven and 13. While the clave rhythm, which comes from West Africa, uses a sequence of three and two. This rhythm has been modified in many ways to make such popular rhythms as salsa and bossa nova.

⑤ A third, but slightly different, organizing factor in music is social function. Songs express a group of people's concerns. Music can be used to promote personal, political and economic agendas. It can further serve as a way for a social or ethnic group to show its identity. This has special importance for advertisers and marketers because songs can express people's needs and aspirations.

⑥ Note, however, that music alone doesn't tell us what it is about. It can even give a distorted view of the people responsible for it. This reason is often given for why professional record producers and marketing planners are needed to create albums. Without a clear message or recognizable sound, music is considered difficult to merchandise. In the past, music companies have prepackaged songs with a distinct sound that had little to do with the person singing. Two obvious examples of this are early Motown music in the United States and the music of Johnny Kitagawa's stable of pop artists in Japan. It is said that this is done to avoid confusing the popular audience.

⑦ Aside from commercial aims, an interpretive approach can show us the true meaning of music. As ethnomusicology draws on cultural and social data, it can reveal unexpected complexities in music. For instance, the minimalist compositions of Philip Glass may seem strange and overtly simple. However, careful listening reveals a rich use of scales, tones and rhythms. Studying the composer's background teaches us that he is an American who trained in European classical music, but his approach draws from India and Tibetan Buddhism. Among other aspects of Indian culture, Glass learned a non-European approach to rhythm and melody, which characterizes a lot of his most famous work.

⑧ Next, during this presentation, we will listen to selections from Glass as well as composer Steve Reich.

①特定の文化背景における音楽の研究は、民族音楽学と呼ばれる特殊な分野です。この人類学の一部門は、人々の文化的価値観や関心事の反映としての音楽を研究の対象としています。民族音楽学は私たちが音楽をより理解する手助けとなります。この理解は、学問研究以外の、プロデューサーやマーケティング関係者、批評家などを含む、あらゆる職業の人々にも、何がしかの機会をもたらす可能性があるのです。

②民族音楽学を支える理論とはこうです：音楽とは、人生の意味を考え理解し楽しむため、人間の想像力を創造的に利用した一例である。従って、音楽は、単に生存のためだけでなく、記号を使って形を成し、物質世界に意味を与えることのできる人間の能力から生まれています。

③世界中の音楽には共通した構造があります。どこへ行こうと、音楽は、必ずと言っていいほど音階に基づいて認識されます。これはつまり、音楽がリズムと調性から成る制限されたシステムであることを意味しています。音階体系は、可能な音調、旋律、和音を決定することで音楽を形作ります。欧米の音楽体系は8音から成る音階を使っており、これはソルフェージュ、すなわち「ドレミファソラシド」として広く覚えられています。

④音楽の2つ目の構成要素はリズムです。伝統的なヨーロッパ音楽やクラシック音楽は、2拍子、3拍子、あるいは4拍子を繰り返すパターンで示されています。インド音楽は7拍子または13拍子を繰り返すパターンが特徴です。一方、西アフリカを起源とするクラーベのリズムは3拍と2拍を続けた組み合わせを使います。このリズムは多種多様に変形され、サルサやボサノバといったよく知

られたリズムに発展しました。

⑤3つ目の、ただし少々異なる音楽構成要素は、社会機能です。歌は、ある集団の関心事を表現します。音楽は、個人的・政治的・経済的な課題を推進するのに使われることがあるのです。さらに、社会集団や民族集団のアイデンティティーを示す方法としての役割を果たすこともあります。これは広告関係者やマーケティング関係者にとって特に重要度が高いのです。なぜなら、歌は人々の要求や切望を表すことができるからです。

⑥ただし注意してください。音楽そのものだけでは、それが何についてのものなのかは伝わりません。それどころか、作り手の見解をゆがめて伝えることにもなりかねません。この理由は、アルバムを作るときにプロのレコードプロデューサーやマーケティングプランナーが必要とされる根拠としてしばしば挙げられます。明確なメッセージや特徴的なサウンド抜きに音楽を商品として売り込むのは難しいと見なされています。これまでも、歌い手が誰であるかにはほとんど関係なく、音楽会社がサウンドに特色のある歌を事前にまとめて用意してきたことがあります。その顕著な2例は、アメリカにおける初期モータウン・ミュージックと、日本における、ジャニー喜多川の事務所所属のポップ歌手たちが歌う音楽です。こうするのは、ポピュラー音楽の聞き手を混乱させないためだと言われていました。

⑦商業的な目的とは別に、解釈的アプローチによって音楽の真の意味が見えてくることもあります。民族音楽学は、文化的・社会的な情報を活用するだけに、音楽の中に思いもかけない複雑な事象を明らかにすることがあります。例えば、フィリップ・グラスのミニマリズム作品は奇妙でいかにも単純に思えるかもしれません。しかしながら、注意深く聞くと、音階や音調、リズムを豊かに用いていることに気が付くでしょう。この作曲家の経歴を見ると、彼はヨーロッパのクラシック音楽を学んだアメリカ人ですが、そのアプローチはインドやチベット仏教を源としていることが分かります。インド文化のその他の側面とともにグラスが学んだのは、リズムと旋律への非ヨーロッパ的アプローチであり、これが彼の代表作の多くを特徴付けているのです。

⑧次回は、このプレゼンテーションの時間内に、グラスに加えて作曲家スティーブ・ライヒの作品を幾つか選んで聞いてみましょう。

Comment from Kimutatsu

合格はゴールではなくてスタートなんやから、大学に入って何をしたいのかを考えてほしいな。それは何よりモチベーションを保つために必要なこと。合格をゴールにしちゃうと、合格した瞬間に燃え尽きてしまうよ。大学に入ったら今度は自分の夢に向かって自分の足で歩き始めるんです。今はその準備をしている段階なんやね。

🎧 16

(A)

これから放送するのは、ある鳥類を取り上げたテレビ番組における、司会者と **Ron Gafton** という人物との会話である。これを聞き、**(1)** ～ **(5)** の問いに対して、それぞれ最も適切な答えを一つ選べ。

(1) How are raptors defined by Ron Gafton?

    a) By their use of claws.
    b) By the size of their body.
    c) By the way they feed.
    d) By their flying capability.
    e) By their keen eyesight.

(2) Which kind of bird is mentioned as sometimes being kept by humans for hunting purposes?

    a) Hawks.
    b) Eagles.
    c) Harriers.
    d) Falcons.
    e) Owls.

(3) Which of the following statements is true as one unusual trait of falcons?

    a) The babies have speckled brown and white feathers.
    b) They have long-range flying capability.
    c) They make use of secondhand nests.
    d) They only consume live meat.
    e) They are surprisingly slow flyers.

(4) **Which of the following is NOT mentioned as a characteristic of eagles?**

a) They make nests of branches and sticks.
b) Their bodies tend to be big.
c) Their wings are broad.
d) Their legs are heavy compared to other raptors.
e) They have small feathers compared to hawks.

(5) **What is indicated about the relationship between these birds?**

a) They are from the same ancestors.
b) They have survived without competing with each other.
c) They all hunt at the same time of day.
d) They did not develop through convergent evolution.
e) They often prey on each other.

🎧 17

(B)

これから放送するのは、(A) の続きの回における、同じ司会者と、**Simon Bethany**、**Sergey Thomas**という人物たちの会話である。これを聞き、(**6**) ～ (**10**) の問いに対して、それぞれ最も適切な答えを一つ選べ。

(6) **What did Simon Bethany write about owls?**

a) An explanation of their biology.
b) A history of their cultural status.
c) A story of their evolution.
d) A field research guide.
e) An analysis on their communication.

(7) **Which of the following statements best summarizes what is said about owls in culture?**

   a) Children learn that owls are a symbol of hunting.
   b) Children are taught that owls bear wisdom.
   c) Owls talk in TV commercials for children.
   d) For children owls are a symbol of elderliness.
   e) Children are told that owls are fearless and arrogant.

(8) **According to Bethany, which of the following is an example from the "long tradition of cultural stories"?**

   a) The Matter of Britain.
   b) *Winnie-the-Pooh*.
   c) *Ask Mr. Owl*.
   d) Eye on Nature.
   e) A candy commercial.

(9) **According to Sergey Thomas, what owl trait do scientists study?**

   a) Their long-distance vision.
   b) Their use of sound waves.
   c) Their cultural significance.
   d) Their biological clock.
   e) Their intelligence.

(10) **How is the term "a night owl" defined in the conversation?**

   a) A person who has trouble sleeping.
   b) A person who must stay up late.
   c) A person who is rarely awake at night.
   d) A person who is habitually active at night.
   e) A person who survives on little sleep.

🎧 18

(C)

これから放送する講義を聞き、(11) 〜 (15) の問いに対して、それぞれ最も適切な答えを一つ選べ。

(11) **Which of the following is a reason given for the development of the music for ballet?**

a) Russian composers wanted to make dancing popular.
b) King Louis XIV pushed for greater music writing.
c) Many orchestral tunes began to be arranged for ballet.
d) Because it ceased being considered merely background music.
e) Because operas had become more popular.

(12) **Which of the following is suggested when the lecturer says, "The music in these ballets is as stunning as that of any symphony or opera"?**

a) Ballet compositions are long in general.
b) Ballet music used to be unremarkable.
c) Ballet is becoming more popular.
d) The artistry of ballet is superior to that of other art forms.
e) Opera music tends to be considered boring.

(13) **How many composers are specifically named in this lecture?**

a) One.
b) Two.
c) Three.
d) Four.
e) Five.

(14) In what two ways is ballet music performed by orchestras?

   a) As an accompaniment to singing or as a movement.
   b) As a symphony or as an opera.
   c) As a complete score or as a suite.
   d) As musical highlights or as an improvisation.
   e) As a solo or as an aria.

(15) What does the lecturer recommend for people unfamiliar with ballet?

   a) Try to follow every movement of the dancers.
   b) Avoid full-length ballets by Stravinsky or Prokofiev.
   c) Learn as little about it beforehand as you can.
   d) Take some time to find out about the ballet before going.
   e) Attend a few classes at a ballet school.

解き終わったら、次ページからの
解答と解説をチェック！

Trial Test 5
▶解答と解説

(A)

[設問から得られるヒント]
raptorsという鳥類がテーマのようだ。その生態がトピックになっている。
[設問ごとのリスニングポイント]
(1)　Ron Gaftonは番組のゲストの名前。defineまたはそれに類する表現に耳を傾けよう。
(2)　狩猟に使われる猛禽類が問われている。選択肢を確認し、該当する説明を待ち構えながら聞いていこう。
(3)　unusualとfalconsがキーワードと考えられる。この2語が使われている部分に集中して聞こう。
(4)　eagleについて説明される部分を聞き取る。巣や体の特徴に注意すること。
(5)　relationshipがキーワード。ただし、別の表現で説明される可能性も想定して聞こう。

(1) 正解：c)

ロン・ガフトンによると、猛禽類はどのようにして定義されるか。

a) カギ爪の使い方によって。
b) 体の大きさによって。
c) 餌の取り方によって。
d) 飛行能力によって。
e) 鋭い視覚によって。

解説

司会者のwhat are "raptors"?（「猛禽類」とは何ですか）という質問に気付くことがカギ。これにゲストのガフトンが答えている部分を注意深く聞こう。what defines a bird as a raptor is the way it feeds（ある鳥が猛禽類と定義されるポイントは、餌の取り方）と明確に述べられているので、答えはc)となる。

(2) 正解：d)

狩猟目的で人間に飼われることがあると述べられているのは、どんな種類の鳥か。

a) タカ。
b) ワシ。
c) チュウヒ。
d) ハヤブサ。
e) フクロウ。

解説

中盤でガフトンがFalcons are ...と話題をハヤブサに移した後に注意。In some countries, they are kept to hunt small game for sport.（幾つかの国では、小さな獲物を狩る遊びのために飼われている）が聞き取れれば、d)が選べる。

(3) 正解：c)

ハヤブサの珍しい特性として正しいものは次のうちどれか。

a) ヒナが茶色と白のまだら模様の羽を持つ。
b) 長距離飛行の能力がある。
c) 中古の巣を利用する。
d) 生きている動物の肉のみを摂取する。
e) 驚くほどゆっくり飛ぶ。

解説

話題がハヤブサなので、前の問題に引き続きガフトンの話に注意して聞く。One unusual fact about these birds ...（この鳥に関する珍しい事実の一つ）に続く部分に注意。they don't build nests（巣を作らない）、Instead, they take over the old nests of other birds.（その代わり、ほかの鳥が使い古した巣を自分のものにする）と言われているので、正解はc)。

(4) 正解：e)

ワシの特徴として述べられていないものは次のうちどれか。

a) 枝や棒で巣を作る。
b) 大型なのが一般的である。
c) 翼が幅広い。
d) 脚がほかの猛禽類に比べて重い。
e) タカに比べて羽が小さい。

解説

話題がeagleに移るところを聞き逃さないようにしよう。ガフトンの話を忠実に追い、述べられているものを消していけば解答できる。

(5) 正解：b)

これらの鳥同士の関係について、どのようなことが示されているか。

a) 同じ先祖から来ている。
b) 競い合うことなく生き残ってきた。
c) 皆、1日の同じ時間に狩りをする。
d) 収斂進化を経た発達をしなかった。
e) しばしば互いを餌にし合う。

解説

司会者がHow do you account for the similarities between these birds, Ron?（こうした鳥たちの類似点についてどう説明されますか、ロンさん）という質問でrelationshipに当たることを尋ねている。ガフトンがそれに、they have evolved in ways that do not compete with each other（競い合うことなく進化してきた）と答えているので、b)が正解。

▶スクリプトと訳

(A) 🎧 16 Joanne Shearson Ron Gafton

Joanne Shearson, Host: Hello, I'm Joanne Shearson, your host on this week's edition of "Eye On Nature." Our first story comes to you from Colorado, where we visited to discover the secrets of raptors, or predatory birds. Joining me on this tour is Ron Gafton. He's the director of the Center for North American Bird Preservation in Boulder, Colorado. Travel with us as we examine and learn more about these dynamic birds. Ron, thank you for having us.

Ron Gafton: It's my pleasure.

Shearson: Ron, could you first tell us, what are raptors?

Gafton: Well, raptors are commonly known as birds of prey. There are many kinds, but what defines a bird as a raptor is the way it feeds. All predatory birds have beaks and claws, and they use these to feed on meat — either the meat of dead animals or live prey.

Shearson: And how many species of raptors do you have at this center?

Gafton: Well, we started in 1976 with two injured birds. Since then, we've become the leading center for this kind of study and preservation in the world. Because of that, we've been asked by other countries to handle a number of birds that don't naturally live in North America. If we include owls as raptors, although I know some people don't consider them as such, I can tell you that we have 51 kinds of raptors here.

Shearson: Can we see some of them?

Gafton: Sure. Let's go over to where the falcons are.

Shearson: That sounds good. Lead the way!

Gafton: Falcons are among the smaller birds of prey. They are particularly swift flyers and typically catch prey by diving on it from above. In some countries, they are kept to hunt small game for sport. Notice this bird's long pointed wings and notched beak. These are identifying features of a falcon. One unusual fact about these birds is they don't build nests. Instead, they take over the old nests of other birds. At our center, we have three species of falcon: the hobby, kestrel and peregrine.

Shearson: Next, could you show us the eagles' nests you mentioned before the program?

Gafton: I'd be glad to. Eagles tend to build very large nests. They use branches and sticks. Their characteristic features are: for one, their size — eagles tend to

134

be big; second, their wings are broad; and third, their legs are large and quite heavy compared to other raptors.

Shearson: Now, what are these little birds with speckled brown and white feathers?

Gafton: Those are baby bald eagles. After they reach 2, their feathers will change color, and then they'll start to look like what you'd expect from a bald eagle. Let me point out another type of raptor. You see those birds that are circling low and gliding?

Shearson: Yes, you mean the ones over there, with the broad wings?

Gafton: Right.

Shearson: What kind of bird are they?

Gafton: Those are harriers. They're like hawks in that they have long-range flying capability. This is made possible by their long, broad wings. Also, harriers have long tails and broad bodies. They are classified as diurnal. This means they are awake and active during the daytime as opposed to a bird such as the owl.

Shearson: How do you account for the similarities between these birds, Ron?

Gafton: They have developed through a process called convergent evolution. Therefore, they have evolved in ways that do not compete with each other. At the Center for North American Bird Preservation, we teach classes on ecology and the development of birds as a species.

Shearson: We'll have more information on that at the end of this program. Thank you, Ron.

Gafton: Thank you.

ジョアン・シアソン、司会者：こんにちは、今週の「アイ・オン・ネイチャー」の司会を務めるジョアン・シアソンです。最初の話題はコロラドからです。私たちは、猛禽類、つまり肉食の鳥の秘密を探ろうとここを訪ねました。このツアーに同行してくれるのはロン・ガフトンさんです。彼はコロラド州ボールダーにある北米鳥類保護センターの所長です。私たちと一緒に旅をしながら、こうした行動力あふれる鳥たちを観察し、もっと知ってください！ ロンさん、案内をよろしくお願いします。

ロン・ガフトン：喜んで。

シアソン：ロンさん、まず教えていただきたいのですが、「猛禽類」とは何ですか？

ガフトン：そうですね、「猛禽類」は一般に「肉食の鳥」として知られています。さまざまな種類の鳥がいますが、ある鳥が猛禽類と定義されるポイントは、餌の取り方です。猛禽には必ず鋭いくちばしとカギ爪があり、それらを使って肉を食べます——死肉の場合もあれば生きた餌の場合もあります。

シアソン：では、このセンターには何種類の猛禽がいるのですか？

ガフトン：ええと、最初は1976年に、2羽の傷ついた鳥から始まりました。それ以来、ここは、この種の研究と保護では世界有数のセンターとなりました。そのため、北米原産ではない鳥も多数扱うよう外国から要請されてきました。フクロウも猛禽に数えると——一部にそのようなものと見なさない人もいるのは承知ですが——ここには51種類の猛禽がいることになります。

シアソン：その一部を見せていただけますか！

ガフトン：いいですよ、ハヤブサのいるところまで行きましょう。

シアソン：それはうれしいですね。道案内をお願いします。

ガフトン：ハヤブサは小型の猛禽類に入ります。彼らは格段に飛ぶのが早く、上空から急降下して餌となる動物を捕まえるのが特徴です。幾つかの国では、小さな獲物を狩る遊びのために飼われています。この鳥の細長く鋭角を成した翼と、切れ込みのあるくちばしに注目してください。これらがハヤブサを見分ける特徴です。この鳥に関する珍しい事実の一つに、巣を作らないことがあります。その代わり、ほかの鳥が使い古した巣を自分のものにするのです。当センターには3種類のハヤブサがいます：チゴハヤブサ、チョウゲンボウ、ハヤブサ（ペルグリン）です。

シアソン：次に、番組が始まる前に話していたワシの巣を見せていただけますか？

ガフトン：喜んで。ワシは非常に大きな巣を作る傾向があります。それには小枝や棒を使います。彼らの目に付く特徴ですが、第1に、そのサイズです——ワシは大型であるのが一般的です。第2に、翼が幅広いことです。そして第3に、脚が大きく、ほかの猛禽類に比べてとても重いことです。

シアソン：ところで、この茶色と白のまだら模様の羽を持つ小さな鳥は何ですか？

ガフトン：それはハクトウワシのヒナです。2歳になると羽の色が変わって、皆

さんがイメージするハクトウワシの姿に近づいていきます。もう1種類、別の猛禽をご紹介しましょう。低い所で弧を描きながら滑空しているあの鳥が見えますか?

シアソン:はい、向こう側にいる、翼の幅広い鳥ですね?

ガフトン:そうです。

シアソン:あれは何という種類の鳥ですか?

ガフトン:あれはチュウヒです。長距離飛行の能力がある点でタカと似ています。それは長く幅広い翼のおかげで可能なのです。また、チュウヒには長い尾羽があり、がっしりした体型です。昼行性に分類されます。これはつまり、昼間に起きていて活動するということで、フクロウのような鳥とは対照的です。

シアソン:こうした鳥たちの類似点についてどう説明されますか、ロンさん?

ガフトン:これらは、収斂進化と呼ばれる道のりを経て進化してきました。従って、競い合うことなく進化してきたわけです。北米鳥類保護センターでは、エコロジーや種としての鳥の進化に関する教室を開講しています。

シアソン:それについては番組の終わりにさらに詳しい情報をお伝えします。ありがとうございました。ロンさん。

ガフトン:ありがとうございます。

(B)

[設問から得られるヒント]
フクロウの生態がテーマである。フクロウが英語圏で文化的にどう受け止められているかが重要なトピックのようだ。

[設問ごとのリスニングポイント]

(6) 質問から、Simon Bethany という人物の書いたものが引用されることが予測できる。ほかの質問にも culture という語が出てくるので、b)を予測しながら聞いてみる。

(7) 文化について触れられている部分に注意。

(8) "long tradition of cultural stories" は放送文にこのまま登場するはず。選択肢を頭の中で発音し、しっかり覚えておく。

(9) scientists をキーワードに、Sergey Thomas の発言を注意深く聞こう。

(10) a night owl をキーワードに、終盤に集中しよう。

(6) 正解：b)

サイモン・ベサニーは、フクロウについてどんなことを書いたのか。

a) それらの生態についての解説。

b) それらの文化的位置付けの歴史。

c) それらの進化の物語。

d) 実地研究の手引き。

e) それらのコミュニケーションについての分析。

解説

冒頭でサイモン・ベサニーの名前が出たところで、神経を集中させる。His most recent book, *Ask Mr. Owl*, is a fascinating read on the cultural history of owls and other nocturnal birds.（最新のご著書『ミスター・アウルは知っている』は、フクロウをはじめとする夜行性の鳥の文化史を扱った、興味そそられる読み物です）と紹介されているので、答えは b)。

(7) 正解：b)

文化におけるフクロウについて話されていることを最も適切に要約しているのは、次のうちどれか。

a) 子どもたちは、フクロウが狩猟の象徴であることを学ぶ。

b) 子どもたちは、フクロウが知恵の持ち主であると教わる。

c) フクロウは、子ども向けのテレビコマーシャルの中でしゃべる。

d) 子どもたちにとって、フクロウは老齢の象徴である。

e) 子どもたちは、フクロウが怖いもの知らずで傲慢であると教わる。

解説

全体を通してフクロウが wise や wisdom という語で説明されていることや、半ばあたりのベサニーの Children learn that owls are bearers of wisdom.（子どもたちは、フクロウが知恵の持ち主だと学ぶ）という発言から、「文化におけるフクロウ」の要約としては b)が最も適切。

(8) 正解：a)

ベサニーによると、「長い伝統を持つ文化的な物語」の一例は次のうちどれか。

a) ブルターニュもの。
b) 『くまのプーさん』。
c) 『ミスター・アウルは知っている』。
d) 「アイ・オン・ネイチャー」。
e) あるキャンディーのコマーシャル。

解説

質問の中で引用されているlong tradition of cultural storiesに注意して聞けば、ベサニーの発言から答えに当たる箇所を聞き取れるだろう。少し後にFor example, in the Matter of Britain ...（例えば、ブルターニュものの中では……）と話しているので、答えが分かる。

(9) 正解：b)

セルゲイ・トーマスによると、科学者たちはフクロウのどんな特性を調査しているか。

a) 遠視力。
b) 音波の使用。
c) 文化的意義。
d) 体内時計。
e) 知能。

解説

トーマスの説明中、scientists who look at how owls use sound waves to navigate in complete darkness（フクロウが音波を使って真っ暗闇の中でどう行動するかに注目する科学者たち）の部分が答えに当たる。

(10) 正解：d)

「a night owl」という言葉は、この会話ではどう定義されているか。

a) 睡眠に問題を抱えている人。
b) 夜更かしをしなくてはいけない人。
c) 夜更かしをほとんどしない人。
d) 夜に活動するのが習慣になっている人。
e) ほとんど眠らなくてもやっていける人。

解説

a night owlが聞こえてきたら集中しよう。calling someone "a night owl" refers to someone's sleeping habits and the fact they like to stay up late for whatever reason.（誰かを「a night owl」と呼ぶのはその人の睡眠習慣への言及で、理由はどうあれ夜更かしをしたがる人であることを示す）から、答えはd)だ。義務で夜更かしをせざるを得ない人ではないので、b)は不正解。

▶スクリプトと訳

(B) 17

Joanne Shearson 　Simon Bethany 　Sergey Thomas

Shearson: Next, "Eye on Nature" brings you the legends and myths of the owl. Today, we will be talking with two guests. Our first guest is Professor Simon Bethany, who teaches ornithology at the University of Michigan. His most recent book, *Ask Mr. Owl*, is a fascinating read on the cultural history of owls and other nocturnal birds. And our second guest is Sergey Thomas, a field researcher who specializes in the hunting habits of owls in India. Gentlemen, welcome to the show.

Sergey Thomas: Thank you.

Simon Bethany: Thank you.

Shearson: I'd like to start by asking Professor Bethany about his book. How did this project come about?

Bethany: In my classes at the University of Michigan, we commonly look at birds from biological and evolutionary perspectives. This book is a departure from that and was an opportunity for me to explore the storied lives of birds. It's a project that I'd been wanting to do for a long time.

Shearson: Without giving away the story, what can you tell us about the lore of owls?

Bethany: Throughout the world, for centuries, owls have appeared in myths, legends and folklore. Owls are popular symbols of wisdom and fertility but also death and fear. Therefore, the owl is perceived differently around the world. I found a huge variety of interpretations of the owl as I was doing research for this book, even within the same culture. I should mention that the owl we know of today — as a placid, quaint and intelligent animal — was traditionally regarded in many cultures as a sign of bad times or evil. This should come as no surprise, yet the power of this bird to arouse such a response from human culture is quite fascinating to me.

Shearson: Well, that is a bit surprising to me because I grew up reading *Winnie-the-Pooh*, and those stories feature a kindly, wise old owl.

Bethany: Certainly, and I did as well. Many children in English-speaking countries grow up with nursery stories of wise old owls. Children learn that owls are bearers of wisdom. However, the owl in *Winnie-the-Pooh* sometimes tries to be wise because it is expected of him. When his wisdom fails or reveals limits, we may infer the nature of wisdom is to recognize limitations.

Shearson: If I may change the topic just a little ... Where does the title of your book originate? Some of our younger viewers may not be familiar with its reference.

Bethany: The title of this book refers to an example of a wise owl in American popular culture. There was a candy commercial for lollipops that aired on television for years. It featured an owl by the name of Mr. Owl, who gave a wise but wry answer to a little boy's riddle. In the book *Ask Mr. Owl*, I explain how such popular incarnations of the owl come from a long tradition of cultural stories in which the owl is a wise, scholarly creature. For example, in the Matter of Britain — the body of legendary material particularly associated with King Arthur — the wizard Merlin always has an owl on his shoulder as a totem of wisdom and power.

Shearson: And Mr. Thomas, from a biological point of view, how would you account for owls being associated with intelligence or wisdom?

Thomas: Most owls are nocturnal, meaning they are awake at night. Physically, they have powerful eyesight and fly very swiftly in the dark. Their hunting abilities still astound scientists who look at how owls use sound waves to navigate in complete darkness. Culturally, as a result, the owl came to be seen by some North American tribes as a symbol of hunting and as the giver of special powers, such as the ability to find lost objects or see better at night. For me and the culture I grew up in, calling someone "a night owl" refers to someone's sleeping habits and the fact they like to stay up late for whatever reason. Also, because owls are nocturnal, they tend to remind us of scholars or serious students who regularly stay up all night to study or prepare for an exam.

Shearson: Very interesting. We're going to take a break for commercials, but we'll be right back to learn more about how owls see. Sergey Thomas will share his findings with us.

シアソン：次に、「アイ・オン・ネイチャー」はフクロウの伝説と神話をお届けします。今日はお二方のゲストからお話を伺います。1人目のゲストはサイモン・ベサニー教授で、ミシガン大学で鳥類学を教えていらっしゃいます。最新のご著書『ミスター・アウルは知っている』は、フクロウをはじめとする夜行性の鳥の文化史を扱った、興味をそそられる読み物です。そして、2人目のゲストはセルゲイ・トーマスさんで、インドでのフクロウの狩猟習性を専門とする実地研究者です。お二方とも、当番組へようこそ。

セルゲイ・トーマス：どうも。

サイモン・ベサニー：どうも。

シアソン：まずは、ベサニー教授にご著書について伺いたいと思います。このプロジェクトが生まれた経緯は？

ベサニー：ミシガン大学の私の授業では、生物学および進化論的な角度から鳥を見るのが普通です。この本はそこから離れ、物語の中で知られている鳥の生活を詳しく研究する機会となりました。長年やりたいと思っていたプロジェクトだったのです。

シアソン：筋書きは明かさないとして、フクロウの言い伝えにはどんなものがありますか？

ベサニー：世界中で、何世紀も前から、フクロウは神話や伝説、民話に登場してきました。フクロウは知恵と繁栄の象徴としてよく知られていますが、死や恐怖の象徴でもあります。従って、フクロウは世界各地で異なる受け止め方をされています。私はこの本を書くために調査をしているとき、フクロウに対する多種多様な解釈に出会いました。同じ文化の中でさえ、そうでした。申し上げておきますが、現在われわれが——物静かで古風な趣があって知能の高い動物として——知っているフクロウは、昔から多くの文化において、悪い時期や不幸の前触れと見なされていました。これは別に驚くべきことではありませんが、それでも人類の文化にこういった反応を引き起こすこの鳥の力は、私にとって非常に興味深いものです。

シアソン：ですが、それは私にとってはちょっと驚きです。というのも、私は『くまのプーさん』を読んで育ちましたが、そうした物語には思いやりと知恵のある年老いたフクロウが出てきますから。

ベサニー：その通りです。私もそういうふうに育ちました。英語圏の国の子どもたちの多くは、年老いた賢いフクロウの童話を読んで育ちます。子どもたちは、フクロウが知恵の持ち主だと学びます。ただし、『くまのプーさん』のフクロウは時折、期待されるがゆえに、賢くあろうと苦心することがあります。彼の知恵が足りなかったり、知恵の限界が露見したりするとき、知恵というものは限界を認識することだと、私たちは悟るかもしれないのです。

シアソン：ほんのちょっと話題を変えてもよければ……あなたの本の題名は何に由来するのですか？　若い視聴者の中には、その出典を知らない人がいるかもしれないので。

ベサニー：この本の題名は、アメリカ大衆文化における賢いフクロウの一例を

引用しています。何年にもわたってテレビで放送された、ロリポップというキャンディーのコマーシャルがありました。ミスター・アウルという名のフクロウが主役で、幼い少年の出すなぞなぞに、賢いけれどもひねくれた答えをしていました。この本『ミスター・アウルは知っている』の中で私は、こうした人気のあるフクロウの人間化した姿が、長い伝統を持つ文化的な物語からどのように生まれてきたのかを説明しています。物語の中でのフクロウは賢く、学識豊かな生物とされています。例えば、ブルターニュもの――特にアーサー王に関連した伝説資料の総体のことですが――この中では魔法使いマーリンが、いつも、知恵と力の象徴としてのフクロウを肩に乗せているのです。

シアソン：そしてトーマスさん、生物学的な観点から、フクロウが知能や賢さと結び付けられることをどうお考えですか？

トーマス：ほとんどのフクロウは夜行性、つまり夜に起きています。身体的な点では、視力がとてもよく、暗がりでも非常にすばしこく飛行します。その狩猟能力は、フクロウが音波を使って真っ暗闇の中でどう行動するかに注目する科学者たちをも驚嘆させています。その結果、文化的に、フクロウは北米の幾つかの部族から、狩猟の象徴、あるいはなくした物を見つけたり夜でもよく物が見えたりといった特殊能力を授ける者と見なされるようになりました。私や私の育った文化圏にとって、誰かを「a night owl」と呼ぶのは、その人の睡眠習慣と、理由はどうあれ夜更かしをしたがる人であることを示します。また、フクロウは夜行性であるため、学問や試験勉強のためにしょっちゅう徹夜している、研究者や真面目な学生を思わせる傾向があります。

シアソン：実に興味深いですね。ここでコマーシャルの時間を挟みますが、番組はその後すぐに再開して、フクロウの視力の仕組みについて詳しく見ていきます。セルゲイ・トーマスさんが、ご自身の発見を私たちに教えてくれますよ。

(C)

[設問から得られるヒント]

バレエの発展史がテーマらしい。特に音楽との関係に注意する必要がありそうだ。

[設問ごとのリスニングポイント]

(11) 初期のバレエ音楽がどのような地位だったかに注意し、話の流れを追ってみよう。

(12) stunning、symphony or opera をキーワードとして待ち構えながら聞こう。

(13) しっかりメモを取ろう。作曲家の名前は問われていないのだから、頭文字だけをメモしておけばよい。

(14) 講義の後半を、two ways や orchestras という語句に注意して聞こう。

(15) 放送文を聞くまで分からないが、説明的な部分と話者の意見が述べられる部分を区別して聞き進めよう。

(11) 正解：d)

バレエのための音楽が発展した理由として挙げられているのは、次のうちどれか。

a) ロシアの作曲家たちが、踊りを人気のあるものにしたかった（から）。

b) 国王ルイ14世が、より優れた曲作りを求めた（から）。

c) オーケストラ用の曲が多数、バレエ用に編曲され始めた（から）。

d) 単なる背景音楽とは見なされないようになった（から）。

e) オペラの方がより人気があった（から）。

解説

第1段落の終わりの early composers put little effort into writing for ballet because it was thought of as background music（初期の作曲家たちは、バレエの作曲にほとんど力を注がなかった。というのも、それは背景音楽と見なされていたから）が伏線。ここから、その後の展開を予想する。第3段落の内容、およびこの段落末尾の composers could no longer approach ballet music as mere background（作曲家たちはもはや、単なる背景の音楽としてバレエ音楽に臨むことができなくなった）から、答えは d) だと分かる。

(12) 正解：b)

講師が「これらのバレエの音楽は、いかなる交響曲やオペラの音楽にも匹敵するほど見事です」と言っているとき、示唆されているのは次のどれか。

a) バレエ曲の構成は総じて長い。

b) バレエ音楽はかつて、人の注意を引くものではなかった。

c) バレエはさらに人気が高まりつつある。

d) バレエの芸術性は、ほかの芸術形式よりも優れている。

e) オペラの音楽は退屈だと見なされやすい。

解説

引用されている文は、チャイコフスキーの有名な作品群について述べたもの。設問（11）と、解答の根拠となる部分が重なる。「チャイコフスキーの成功以降、バレエ音楽が単なる背景音楽でなくなった」という説明が続くので、かつて重視されなかったバレエ音楽の地位が向上した経緯説明に使われている文だと分かる。

（13）正解：c)

この講義で具体的に名前を出されている作曲家は何人か。

a) 1人。
b) 2人。
c) 3人。
d) 4人。
e) 5人。

解説

composer(s)という語の後に出てくる人名をカウントしよう。第3段落および第4段落に登場する、Peter Tchaikovsky、Sergei Prokofiev、Igor Stravinskyの3人である。

（14）正解：c)

オーケストラによる、バレエ音楽の2種類の演奏法とはどのようなものか。

a) 歌唱の伴奏もしくは動きとして。
b) 交響曲もしくはオペラとして。
c) 全曲もしくは組曲として。
d) 音楽的な山場もしくは即興として。
e) ソロもしくはアリアとして。

解説

質問文と答えが、第5段落の冒頭文にまとめて登場する。たとえこれを聞き逃しても、その後scoreとsuiteの説明が続くので、もう一度正答のチャンスがある。suiteはスイートルームの「スイート」で、「一組」という意味。ここから「組曲」という意味になる。

（15）正解：d)

講師は、バレエになじみのない人々にどんなことを勧めているか。

a) 踊り手の動き一つ一つを追ってみること。
b) ストラヴィンスキーやプロコフィエフ作曲の全曲版バレエは避けること。
c) 予備知識はできるだけ付けないこと。
d) 見に行く前にバレエに関して調べる時間を取ること。
e) バレエスクールの幾つかのクラスに参加すること。

解説

最後の段落の冒頭文 If you plan on going to a complete ballet in concert, it is best to learn a little about it beforehand.（もしあなたが全曲のバレエ・コンサートに出掛けるつもりなら、前もって少し知識を付けておくのがいいでしょう）から、d)が正解。

▶スクリプトと訳

(C) 18

① **Ballet is an art form that tells stories without words or singing but with movement and music. Almost every musical note in a masterful ballet has a psychology and corresponds to the dancer's movements onstage.** In the early days of ballet, the dance itself was the only important thing. Unlike opera, musical considerations were secondary to the spectacle of the dance, which was aimed at showcasing the performers and their movements. Accordingly, early composers put little effort into writing for ballet because it was thought of as background music.

② **Ballet originated in Renaissance Italy and became a unique art form in France in the late 1600s.** King Louis XIV loved dance and deliberately set about improving the skill and quality of dancing in his country. The traditions of strict training and technical standards for ballet began during this time.

③ **Ballet became richer as an art form during the 19th century.** While it was France that had first cultivated ballet, the Russian composer Peter Tchaikovsky (1840-1893) wrote some of the most complex yet popular and beloved ballets in history. *Swan Lake*, *Sleeping Beauty* and *The Nutcracker* are among his most famous works. The music in these ballets is as stunning as that of any symphony or opera. The success of Tchaikovsky's ballets marked a change in which composers could no longer approach ballet music as mere background.

④ In the 20th century, two more Russian composers' ballets were very popular — those of Sergei Prokofiev (1891-1953) and Igor Stravinsky (1882-1971). Prokofiev composed ballets based on time-tested classics such as *Romeo and Juliet* and *Cinderella*. These are regulars on the ballet stage, but their musical scores are popular with concert audiences, too. Some of Stravinsky's ballets deal with nature and events in history. Although Stravinsky's ballets aren't danced as often today, orchestras around the world regularly perform *Firebird* and *The Rite of Spring*.

⑤ In orchestral concerts, ballet music is performed in two ways — either as a complete score or a suite. Complete scores typically use the original composition and choreography. These scores can be difficult to follow unless you already know what's supposed to be going on. Full-length ballets tend to be too long for many listeners to enjoy. This is why ballet suites are a popular alternative. A ballet suite is a collection of the most expressive highlights from the original composition. As a result, suites tend to be more exciting than complete ballet scores. A popular example would be *The Nutcracker Suite*, which provides enough culture and enjoyment within a short amount of time for most people feeling hurried during the holiday season.

⑥ If you plan on going to a complete ballet in concert, it is best to learn a little about it beforehand. This adds to the enjoyment of the solos in a ballet. Each ballet has moments where a solo ballerina will dance to show her true feelings, just as when the action comes to a pause in an opera and a character sings an aria. At these moments, the plot stops, but these moments are some of the most exciting in ballet because they are the most expressive. Just as arias are the highlights of an opera, solos are the peak of any ballet.

①バレエは、言葉や歌唱を用いず、動きと音楽で物語を伝える芸術形式です。名作バレエでは音符のほぼ一つ一つに心理状態が込められ、ステージ上の踊り手の動きと連動します。初期のバレエでは、踊り自体が唯一の重要な要素でした。オペラと違って、音楽への配慮は、出演者の演技と動きを披露することを目的とした華麗な踊りに対して、副次的なものでした。このため、初期の作曲家たちは、バレエの作曲にほとんど力を注ぎませんでした。というのも、それは背景音楽と見なされていたからです。

②バレエはルネサンス期のイタリアが発祥で、1600年代後半のフランスにおいて独特な芸術となりました。国王ルイ14世がダンスを非常に好み、自国内の踊りの技術や質の向上に丹念に取り組んだのです。バレエの厳しい訓練や技術水準の伝統はこの時期に始まりました。

③バレエは19世紀の間に、芸術としての豊かさを増しました。最初にバレエを育んだのがフランスであったのに対して、ロシアの作曲家ピョートル・チャイコフスキー（1840-1893）は、バレエ史上最も複雑ながら知名度が高く愛されている幾つかの作品を書きました。彼の最も有名な作品の中に、「白鳥の湖」「眠りの森の美女」「くるみ割り人形」があります。これらのバレエの音楽は、いかなる交響曲やオペラの音楽にも匹敵するほど見事です。チャイコフスキーのバレエ音楽の成功が転換点となって、作曲家たちはもはや、単なる背景の音楽としてバレエ音楽に臨むことができなくなりました。

④20世紀にはさらに2人のロシア人作曲家によるバレエ音楽が大きな人気を集めました——セルゲイ・プロコフィエフ（1891-1953）とイーゴリ・ストラヴィンスキー（1882-1971）です。プロコフィエフは、「ロミオとジュリエット」や「シンデレラ」といった伝統に裏打ちされた名作を原作として、バレエ曲を作曲しました。これらはバレエの舞台での常連演目ですが、その楽曲もまたコンサートの聴衆にとってはおなじみです。ストラヴィンスキーのバレエ音楽の幾つかは、自然や歴史的出来事を扱っています。現在、ストラヴィンスキーのバレエ曲でバレエが踊られる機会はあまり多くありませんが、世界中のオーケストラ

が「火の鳥」や「春の祭典」をしょっちゅう演奏しています。

⑤オーケストラのコンサートでは、バレエ音楽は2つのやり方で演奏されます
——全曲を、もしくは組曲の形式で演奏されるのです。全曲の場合、一般的に
原曲の構成と振り付けをそのまま使います。こうした曲は、どんな流れになって
いくのか前もって知っていないと、ついていくのが難しいかもしれません。省略
されていないバレエ曲は、多くの聞き手にとって、楽しむには長すぎるきらいが
あります。代わりの選択肢としてバレエ組曲に人気があるのは、このためです。
バレエ組曲は、原曲から最も表現性の高い山場を集めたものです。その結果、
組曲がバレエ全曲よりも活気に富んだものになることもよくあります。人気の高
い例が「くるみ割り人形組曲」でしょう。この曲は、休暇シーズンで気がせい
ている多くの人々に、短い時間内で十分な教養と娯楽を与えてくれます。

⑥もしあなたが全曲のバレエ・コンサートに出掛けるつもりなら、前もって少し
知識を付けておくのがいいでしょう。こうすることで、バレエのソロを味わうこ
ともできます。それぞれのバレエには、ちょうどオペラで演技が中断して登場人
物がアリアを歌うのと同じように、ソロのバレリーナが心からの感情を表現して
踊る部分があります。こうした場面では筋書きが一時中断しますが、これらの
場面では最も豊かに感情が表現されるため、バレエの醍醐味の一つと言えます。
アリアがオペラの山場であるように、ソロはバレエの最高潮なのです。

Comment from Kimutatsu

東大がイギリス英語やオーストラリア英語でもリスニング問題を出すと発表した当時、灘
校のカナダ人の先生に、イギリス英語は聞き取れるかと質問したことがある。すると
「80％は聞き取れるのでまったく問題ない」と答えた。アメリカ英語を完全にマスター
すれば、入試でもそれほど困らんとは思うよ。でも、イギリス英語やオーストラリア英
語でのトレーニングもして、自信を付けておこうね。

Trial Test 6

🎧 19

(A)

これから放送するのは、あるテレビ番組における、司会者とEmmett Hansonという人物との、環境問題に関する会話である。これを聞き、(1) ～ (5) の問いに対して、それぞれ最も適切な答えを一つ選べ。

(1) **What does Emmet Hanson mention about air travel?**

    a) It makes up almost 100 percent of the carbon emissions for all transportation.

    b) The average person takes approximately one flight per year.

    c) Only a small percentage of the global population travel by air.

    d) Raising ticket prices will not help to stop people from traveling.

    e) Domestic flights emit more carbon per passenger than international flights.

(2) **What is flygskam?**

    a) It is a Swedish airline company that is producing more fuel-efficient planes.

    b) It is an environmental symposium dedicated to building better trains.

    c) It is the name of a carbon footprint test supported by Greta Thunberg.

    d) It is a way of using social pressure to stop people from flying so often.

    e) It is a frequent-flyer program in Sweden that offers awards for taking the train.

(3) **Which of the following is NOT given as a reason that train service in the U.S. is impractical?**

    a) The distances across the country are vast.
    b) The existing rail network is quite slow.
    c) Ticket prices are often more expensive than flying.
    d) Building a better system would be too expensive.
    e) Americans prefer the freedom of traveling by car.

(4) **According to Hanson, establishing high-speed rail service in the U.S. is**

    a) a good opportunity to affect the future of the environment.
    b) not the best use of government funds.
    c) something that is likely to happen in the next decade.
    d) the single best answer to the problem of air-travel carbon emission.
    e) impossible due to the age of the current rail network.

(5) **How do cars and airplanes compare when it comes to carbon emissions per passenger?**

    a) Cars are always more efficient than airplanes, but slower.
    b) For shorter journeys between cities, cars produce less carbon per passenger.
    c) A car with several passengers can be more efficient than an airplane.
    d) It depends on whether the car uses gasoline or diesel as fuel.
    e) Airplanes are more efficient than cars if the car is fully loaded with people.

🎧 20

(B)

これから放送するのは、(**A**) の続きの部分での、同じ司会者と **Emmett Hanson**、および **Ruth Burton** 教授による会話である。これを聞き、(**6**) ～ (**10**) の問いに対して、それぞれ最も適切な答えを一つ選べ。

(6) **What does Hanson hope to achieve by convincing people to fly less often?**

    a) He believes it will solve the climate crisis.

    b) He wants to slow down the growth of future air travel.

    c) He hopes to cut carbon emissions by 14 percent.

    d) He thinks it will encourage airlines to use more efficient planes.

    e) He is hoping for a 6 percent decrease in passenger numbers.

(7) **What is Ruth Burton's main argument regarding air travel and carbon emissions?**

    a) Reducing commercial flights is a minor issue compared to other carbon sources.

    b) Flight shaming is only effective for the poorest section of the world's population.

    c) Airplane technology is not advancing fast enough to make a difference to climate goals.

    d) The carbon output of airplanes has been measured incorrectly.

    e) If every traveler canceled one flight, it would cut 70 percent of carbon emissions.

(8) **What do Hanson and Burton agree on?**

    a) Flying is the worst form of transportation for the environment.

    b) Flight shaming is an effective method of cutting carbon emissions.

    c) The aviation industry is doing all it can to cut down emissions.

    d) Lifestyle changes are faster to implement than technological changes.

    e) The future growth of air travel is the most important issue.

(9) **Which of the following statements is NOT made in the interview?**

    a) Modern society relies on air travel in order to function.
    b) Newer airplanes are generally more fuel-efficient than older models.
    c) The manufacturing sector is one of the biggest sources of carbon emissions.
    d) Cars, trucks and buses produce more overall carbon than airplanes.
    e) Electric vehicles have cut carbon emissions in transportation by 5 percent.

(10) **Burton feels the problem with flight shaming is that**

    a) it keeps people from looking at the bigger picture.
    b) it cannot make a difference in emissions fast enough.
    c) the movement is not yet popular enough.
    d) airlines are running campaigns to fight against it.
    e) the public does not understand what flygskam means.

🎧 21

(C)

これから放送する講義を聞き、(11) ～ (15) の問いに対して、それぞれ最も適切な答えを一つ選べ。

(11) **What is the main idea of the lecture?**

    a) Animals can also communicate with sound.
    b) Animal verbal communication is not as systematic and complex as human language.
    c) Humans are not the only ones to use complex language.
    d) Animal and human communication can also be nonvocal.
    e) Nonverbal communication is important for attracting a mate.

(12) According to the lecture, pheromones

a) are smells that male elephants may produce to attract mates.

b) are chemicals that have an effect on other animals.

c) are produced by trees to mark territory.

d) are necessary for an octopus to change color.

e) are secreted as a defense mechanism.

(13) Which of the following is NOT mentioned as a function of color?

a) It can be used for attracting a mate.

b) It can be used for identification.

c) It can be used for warning off predators.

d) It can be used to indicate a lack of tastiness.

e) It can be used for defending territory.

(14) According to the lecture, which of the following statements is true?

a) Fireflies use electricity to flash light at night.

b) Light is used by some river animals to indicate their territory.

c) Electricity is one of the less common ways to communicate nonverbally.

d) Some species of animals can understand human language.

e) Only humans can use facial expressions to communicate.

(15) In the summary, the lecturer suggests that

a) only humans have language.

b) nonverbal communication is mostly something that animals do, not humans.

c) like humans, animals can advertise.

d) some animals will be brought in for the next lecture.

e) verbal communication is the most effective type.

解き終わったら、次ページからの
解答と解説をチェック！

Trial Test 6
▶解答と解説

[設問から得られるヒント]
航空機をはじめとする移動手段と、環境や炭素排出との関係が話題になっているようだ。

[設問ごとのリスニングポイント]
(1) 最初の設問なので、前半部分に答えに当たる発言があると予想。air travel をキーワードに、注意深く聞こう。
(2) flygskam について、その定義を説明した箇所を探しながら聞こう。このような聞き慣れない語の場合、どこかで必ず説明されているはずだ。
(3) train や the U.S. をキーワードに聞き進めよう。5つの選択肢のうち4つは登場するはずなので、聞こえたものを消していけばよい。
(4) high-speed rail service またはそれと同じ意味の表現に注意しながら聞こう。
(5) cars が話題に登場した後、飛行機とどのように比べられているかを聞き取ろう。carbon emissions per passenger やその類似表現もキーワード。

(1) 正解：c)

エメット・ハンソンは、航空機での移動についてどんなことを述べているか。
a) 交通全体の炭素排出のほぼ100%を占めている。
b) 平均して1人当たり1年に約1回、航空機を利用している。
c) 世界の人口のうちわずかな割合だけが、航空機で移動している。
d) チケット代を値上げしても、人々が旅行するのをやめさせることにはつながらない。
e) 国内航空の方が、国際航空よりも乗客1人当たりの炭素排出量が多い。

解説

司会者が「航空機での移動が環境に与える影響」について尋ねた後のハンソンの発言に注意。only a minority of the world's population can afford to travel by air（航空機で移動できる経済力を持つのは世界の人口のうちのごく少数）と言っているので、c) が正解。

(2) 正解：d)

フリュグスカムとは何か。
a) 燃料効率のよい飛行機を製造しているスウェーデンの航空会社。
b) 優れた列車の建造に力を注ぐ環境シンポジウム。
c) グレタ・トゥンベリが支持している炭素排出量テストの名前。
d) 人々が頻繁に飛行機に乗るのをやめさせるための、社会的圧力使用の様式。
e) 鉄道を使うことに賞を与える、スウェーデンの航空機頻繁利用客用プログラム。

解説

中ほどで司会者がflygskamという語に触れ、Can you explain the idea to us?（この考え方を説明していただけますか?）と頼むと、ハンソンがThe goal of flygskam is to shame

frequent flyers into flying less often and to thus lower their environmental impact.
（フリュグスカムの目標は、飛行機を頻繁に利用する人たちに恥ずかしいと思わせて飛行機の利用回数を減らし、結果として環境への影響を減少させること）と言っているので、答えはd）。その少し後にflygskamのことをthis movementと言い換えている点からも、選択肢が絞れる。

(3) 正解：e

アメリカの鉄道サービスの実用性が低い理由として挙げられていないものは、次のうちどれか。

a) 国内横断の距離が非常に大きい。
b) 今ある鉄道網のスピードがかなり遅い。
c) チケット代が飛行機よりも高いことが多い。
d) もっとよい鉄道網を構築するのは、費用がかかり過ぎるだろう。
e) アメリカ人は自動車旅行の自由の方を好む。

解説

会話の中ほどから鉄道移動の話になる。司会者がBut here in the U.S.（しかし、ここアメリカでは）と言った後の部分にb)、c)、a)が、またハンソンのIt's hard to convince anyone to spend billions on a new train system（新しい鉄道網に何十億ドルもかけるよう説得するのは難しい）という発言部分にd)が登場するが、e)はこの話題の中で述べられていない。

(4) 正解：a

ハンソンによると、アメリカにおける高速鉄道サービスの構築は

a) 環境の未来に影響を与えるよい機会である。
b) 政府の資金の最善の使い道ではない。
c) 今後10年のうちに起こりそうなことである。
d) 航空機での移動による炭素排出問題に対する、唯一にして最良の答えである。
e) 現行の鉄道網の使用年数からして不可能である。

解説

会話の中ほどでハンソンがI think the U.S. has a real opportunity to cut its emissions by laying down a robust high-speed rail network.（アメリカはしっかりした高速鉄道網を敷くことで、排出削減のとてもいい機会が得られると思う）と述べていることから、a)が選べる。

(5) 正解：c

乗客1人当たりの炭素排出量に関して、自動車と飛行機を比較するとどうなるか。

a) 自動車の方が常に効率がよいが、スピードが遅い。
b) 都市間の短距離移動では、自動車の方が1人当たりの炭素排出が少ない。
c) 数人を乗せた自動車の方が、飛行機より効率がよい可能性がある。
d) 自動車が燃料にガソリンを使うかディーゼルを使うかによる。
e) 自動車が定員いっぱいの人を乗せている場合、飛行機の方が自動車よりも効率がよい。

解説

ハンソンの最後の発言に答えがあるが、that gets more complicated（それはもう少し複雑に

なります）と言っているので、特に注意して話を整理しつつ聞く必要がある。「車に乗っているのが1人なら、飛行機以上に悪影響がある」→「複数の乗客がいる場合は数値が変わる」という話の流れに注意しよう。

▶スクリプトと訳

(A) 🎧19 Terry Costa 🇺🇸 Emmett Hanson 🇬🇧

Terry Costa, Host: Flights today are cheaper than ever before, but that doesn't sit well with everyone. Environmentalists have been keen to point out that the cost of flying is more than just the price of your ticket — there is also a cost to the environment in terms of the carbon released by burning jet fuel. I'm Terry Costa, and welcome to this episode of "A Closer Look." With me today is Emmett Hanson — founder of the Organization for Responsible Aviation and author of the book *Grounded*. Welcome, Emmett.

Emmett Hanson: Thank you for having me.

Costa: Emmett, I think we've all heard about the impact of air travel on the environment, but just how bad is it?

Hanson: Well, when you look at some of the numbers, it is incredibly bad. The truth is that only a minority of the world's population can afford to travel by air. Something like 3 percent. And those 3 percent are responsible for almost 100 percent of this huge amount of carbon being released into the atmosphere due to air travel.

Costa: In your book, you talk a bit about "flygskam." Can you explain the idea to us?

Hanson: Yes. Flygskam started in Sweden, and it simply means "flight shaming." The goal of flygskam is to shame frequent flyers into flying less often, and to thus lower their environmental impact. People want them to question whether they really need to take that flight. I think this movement really gained momentum after Greta Thunberg embraced the idea. It is a way of encouraging people to travel more often by train or bus.

Costa: But, of course, much of Europe has excellent train service. Taking a train instead of a plane makes a lot of sense if you're traveling from Paris to London, for example. But here in the U.S., our train system just isn't set up for long-distance passenger travel. It's slow, and it's actually more expensive than flying, plus the distances can be huge from one side to the other. Aren't we kind of stuck with flying?

Hanson: That's all true, and I wish it weren't the case. Honestly, I think the U.S. has a real opportunity to cut its emissions by laying down a robust high-speed rail network. But the problem has always been finding both government and public support. It's hard to convince anyone to spend billions on a new train system when flights are already so cheap and easily available. What I hope is that we can convince people to at least cut down their local flights — the short hops between cities, trips that they could easily make on a train or bus instead.

Costa: What about cars? I mean, we do love our cars.

Hanson: Well, that gets more complicated. Cars — gasoline or diesel cars — are almost always worse than planes, at least when there is only one driver in the car. But if you have passengers — two or three, or four — the numbers change. So a family of four driving from New York to Boston, for example, would actually emit less carbon per passenger than the same family taking a flight from New York to Boston.

テリー・コスタ、司会者：今日の航空機利用はかつてないほど安価ですが、誰もがそれを受け入れているわけではありません。環境活動家たちは、飛行機を使う代償はチケット代だけではないとさかんに指摘します——ジェット燃料の燃焼で放出される（二酸化）炭素という観点からは、環境への代償もあるのです。テリー・コスタです、今回の「ア・クローサー・ルック」へようこそ。本日ご一緒していただくのはエメット・ハンソンさん——「責任ある航空を求める機構」の創設者で、書籍『着地』の著者です。ようこそ、エメットさん。

エメット・ハンソン：お招きありがとうございます。

コスタ：エメットさん、私たちはみんな、航空機での移動が環境に与える影響について聞いたことがあるとは思いますが、はっきり言って、どの程度悪いのでしょうか？

ハンソン：そうですね、一部のデータに目を向けると、信じられないほどひどいものです。実を言うと、航空機で移動できる経済力を持つのは、世界の人口のうちのごく少数です。3％といったところでしょう。その3％が、航空機での移動によって大気に放出される大量の炭素に対する責任をほぼ100％負っているのです。

コスタ：ご著書の中に「フリュグスカム」に関する話が少し出ています。この考え方を説明していただけますか。

ハンソン：はい。フリュグスカムはスウェーデンで始まったもので、直訳すると「フライト・シェイミング（飛行する恥）」という意味です。フリュグスカムの目標は、飛行機を頻繁に利用する人たちに恥ずかしいと思わせて飛行機の利用回数を減らし、結果として環境への影響を減少させることです。その飛行機利用

は本当に必要なのかどうか、その人たちに自問してもらいたいのです。この運動は、グレタ・トゥンベリさんがその考え方に賛同してから、とても勢いを得たと思います。人々に鉄道やバスでの移動を増やすよう勧める、一つの手段です。

コスタ：ですがもちろん、ヨーロッパの多くには素晴らしい鉄道サービスがあります。例えばパリからロンドンまで旅をするなら、飛行機の代わりに鉄道を使うのも大いに納得がいきます。しかし、ここアメリカでは、鉄道網が長距離の旅客移動にはまったく向いていません。スピードも遅いし、実は飛行機以上に費用がかかります。しかも、一方の側からもう一方の側までの距離が遠大になる場合もあります。ある意味、飛行機に乗らざるを得ないのではないでしょうか。

ハンソン：まったくその通りですし、そうであることが残念です。正直な話、アメリカはしっかりした高速鉄道網を敷くことで、排出削減のとてもいい機会が得られると思います。ただ、政府と大衆、両方の支持を得ることが常に問題となります。すでに飛行機がこんなに安く簡単に利用できるのに、です。私たちが人々を説得できればと願っているのは、少なくとも地域内での飛行を削減することです――都市間の短距離飛行、簡単に鉄道で代用することができるような移動を、です。

コスタ：自動車はどうでしょう？　つまり、私たちは自動車を愛用していますが。

ハンソン：そうですね、それはもう少し複雑になります。自動車は――ガソリン車でもディーゼル車でも――ほとんどの場合、飛行機以上に悪影響があります、少なくとも車に乗っているのが運転者1人である場合は。でも乗客が――2人、3人、4人と――いる場合、数値は変動します。ですから、例えば4人家族がニューヨークからボストンまで車で移動するのは、同じ家族がニューヨークからボストンまで飛行機に乗るよりも、1人当たりの炭素排出は実際には少なくなるはずです。

(B)

[設問から得られるヒント]
(A)の続きだが、会話にもう1人加わっている。それぞれの意見を整理しながら聞く必要がある。
[設問ごとのリスニングポイント]
(6)　最初の設問なので、ハンソンの最初の発言中に答えに当たる部分があるのではないかと予測して聞いてみよう。
(7)　新たに登場する Ruth Burton の発言をよく聞こう。主な論点は初めの方で述べられることが多い。
(8)　同意を表す発言を探しながら聞いてみよう。
(9)　5つの選択肢のうち4つはどこかに登場するはず。該当する内容が聞こえたらその選択肢を消して、答えを絞ろう。
(10) flight shaming とは何であるか、(A)で聞いた内容も思い出しつつ聞き進めよう。

(6)　正解：b)

飛行機の利用頻度を減らすよう人々を説得することにより、ハンソンはどんなことを達成したいと願っているか。

a) それが気候変動危機の解決になると信じている。
b) 将来における航空機での移動の増加スピードを抑えたいと思っている。
c) それによって炭素排出量が14%削減されることを願っている。
d) それが航空会社に燃料効率のよい飛行機を使うよう促すことになる、と思っている。
e) 乗客数の6%減少を願っている。

解説

司会者の how much can we really achieve?（実際のところ実現可能なのはどの程度か）という質問に、ハンソンが答えている部分を注意深く聞こう。「飛行機利用を避けるたびに、それが正しい方向への一歩となる」と述べた後、But, really, it's more about keeping that future growth under control.（しかし実際は、将来的な増加を抑制するという観点の方が大きい）と述べているので、それを言い換えた b) が正解。

(7)　正解：a)

航空機での移動と炭素排出に関する、ルース・バートンの主な論点は何か。

a) 民間飛行を減らすことは、ほかの炭素排出源に比べれば小さな問題である。
b) フライト・シェイミングは世界の人口の最貧層に対してだけ効果的である。
c) 航空技術は、気候に関する目標を達成できるほど迅速には発達していない。
d) 飛行機の炭素排出は不正確に測定されてきた。
e) もしすべての旅行者がフライトを一度ずつキャンセルするなら、炭素排出量が70%削減されるだろう。

解説

司会者から You wrote that you were optimistic about commercial air travel.（民間航空機を使った旅について楽観的であると書いていた）と話を振られたバートンが、I just believe that it is one of the less important issues（私はこれを重要性の低い問題だと考えていて）

と述べている箇所から答えが推測できる。その後の発言でも、「飛行機をなくしても炭素排出量を最大5%しか削減できない」「一方、乗用車とトラックとバスで、交通全体の炭素排出のほぼ75%」と話していることから、a)が正解。

(8) 正解：d)

ハンソンとバートンが同意しているのは、何に関してか。

a) 飛行機での移動は環境に最も悪い交通手段である。
b) フライト・シェイミングは炭素排出量削減に効果的な手法である。
c) 航空業界は排出ガス削減のためできる限りのことをしている。
d) ライフスタイルの転換の方が、技術革新よりも早く実施することができる。
e) 将来における航空機での移動の増加は、最も重要な問題である。

解説

後半でハンソンが、「車をすべて電気自動車にするのには時間がかかる」と述べた後、But I can decide not to take a flight today, and that makes a difference immediately.（しかし、飛行機に乗らないと決めるのは今日できることで、しかもすぐに効果をもたらす）と続けると、バートンがYes, I understand this.と応答しているので、d)が正解。

(9) 正解：e)

次のうち、インタビューで述べられていないものはどれか。

a) 現代社会は機能するために航空機での移動に頼っている。
b) 新しい飛行機は通常、古いモデルよりも燃料効率がよい。
c) 製造部門は最も大きな炭素排出源の一つである。
d) 乗用車とトラックとバスは、全体で飛行機よりも炭素を多く排出する。
e) 電気自動車によって、交通における炭素排出が5%削減されている。

解説

選択肢の内容に注意しながら、全体を聞き取る必要がある。a)、c)、d)はバートンの発言に、b)はハンソンの発言に出てくるので、正解はe)となる。

(10) 正解：a)

バートンがフライト・シェイミングに感じている問題は、

a) 人々がより大局的な見方をすることを妨げる（という点）。
b) 排出量についての効果があまり迅速に出せない（という点）。
c) この運動はまだあまり一般に広まっていない（という点）。
d) 航空会社がそれに対抗するキャンペーンを展開している（という点）。
e) 一般の人々はフリュグスカムが何を意味するか理解していない（という点）。

解説

前半でバートンがflygskam, or flight shaming is a distraction（フリュグスカム、すなわちフライト・シェイミングは、本質から注意をそらすものだ）と言っていることから、答えが推測できる。後半でもフリュグスカムに触れて、Instead, we need people pointing their fingers at the biggest carbon-producing areas（そうではなく、人々の非難の矛先を、もっと大きな炭素排出分野に向けさせる必要がある）と主張しており、a)が正解。

▶スクリプトと訳

(B) 20 Terry Costa Emmett Hanson Ruth Burton

Costa: Now, in your book *Grounded*, Emmett, you talk about flight, and how important it is to the world economy and to life as we know it, really. As you've written, 14 percent of all carbon emissions from transportation come from airplanes, but we can't just ground all of the planes. So, how much can we really achieve?

Hanson: Well, planes are becoming more fuel-efficient, but at the same time, more and more people are flying. So if you have an overall 1 percent improvement in fuel efficiency but a 6 percent increase in passengers, things are still getting worse. So every flight we can avoid is a step in the right direction. But, really, it's more about keeping that future growth under control.

Costa: I want to turn to our second guest right now, and that is Ruth Burton. Ruth is a professor of environmental and sustainability studies at Beckwourth University.

Ruth Burton: Thank you for having me join you.

Costa: I understand that you recently wrote a paper that put you in a little bit of hot water. You wrote that you were optimistic about commercial air travel.

Burton: Well, not so much optimistic. I just believe that it is one of the less important issues, and some people don't want to hear that. For me, flygskam, or flight shaming, is a distraction. It turns regular people against each other when we should all be tackling the bigger polluters together. After all, even if every regular flyer canceled one flight, it would still be a drop in the environmental bucket.

Costa: But don't flight emissions make up one of the largest parts of most wealthy people's carbon footprints?

Burton: Certainly. But, as Mr. Hanson knows, even if we grounded every single flight tomorrow, we would only reduce overall carbon emissions by 5 percent, at best. And we need air travel. Our society will no longer function without it. On the other hand, cars, trucks and buses make up almost 75 percent of all transportation carbon emissions, and we already have a solution: electric vehicles powered by green energy. It's a big-picture problem.

Costa: Emmett? What do you say to this?

Hanson: Well, I think it's a matter of urgency. It will take time to make every single vehicle electric and make all of that electricity production green — a long time. But I can decide not to take a flight today, and that makes a difference immediately.

Burton: Yes, I understand this. But at what cost? Flygskam, which you call a movement, is really just finger-pointing, and that makes people defensive. Telling people what they can and cannot do almost always results in a backlash. Instead, we need people pointing their fingers at the biggest carbon-producing areas — manufacturing, agriculture and non-green electricity production. These three sectors alone make up 70 percent of the world's carbon emissions. That's where we can make cuts big enough to help us reach climate goals.

Costa: Well, I'm sure we could go on, but, unfortunately, that's all the time we have today. Emmett Hanson, Professor Burton, thank you so much for joining us.

コスタ：エメットさん、ご著書の『着地』では、航空についてと、それが私たちも知るように世界経済や生活にとって実際いかに重要かが、論じられています。あなたも書かれている通り、交通全体の炭素排出量のうち14％が飛行機から排出されていますが、だからといって航空機をすべて着地させておくわけにもいきません。では、実際のところ実現可能なのはどの程度でしょうか。

ハンソン：そうですね、飛行機は燃料効率がよくなってはいますが、それと同時に飛行機を使う人も増えています。つまり、燃料効率が全体で1％改善されたとしても、乗客が6％増加すると、状況はやはり悪化してしまいます。ですから、私たちが飛行機利用を避けるたびに、それが正しい方向への一歩となります。しかし実際は、将来的な増加を抑制するという観点の方が大きいですね。

コスタ：ここで、2人目のゲストにもお話を伺いたいと思います、ルース・バートンさんです。ルースさんは、ベックワース大学の環境・持続可能性研究の教授です。

ルース・バートン：参加させていただき、ありがとうございます。

コスタ：最近、少しばかり物議を醸した論文をお書きになったそうですね。民間航空機を使った旅について楽観的であると書かれていました。

バートン：まあ、それほど楽観的でもないのですが。ただ、私はこれを重要性の低い問題だと考えていて、一部の人たちがその意見に聞く耳を持たないのです。私から見て、フリュグスカム、すなわちフライト・シェイミングは、本質から注意をそらすものです。全員でより大きな汚染源に立ち向かうべきときに、一

般の人々同士を対立させてしまいます。結局のところ、普通の利用客がフライトを1回キャンセルしたところで、環境というバケツの中の一滴にしかなりません。

コスタ：ですが、航空機の（炭素）排出は、最富裕層の炭素排出の中でも大きな部分を占めるものの一つではありませんか？

バートン：確かにそうです。でも、ハンソンさんもご存じの通り、明日にでも飛行機をひとつ残らず地上から飛び立てないようにしたところで、炭素排出量全体を最大でも5%しか削減することができません。しかも、私たちには航空機での移動が必要です。それがなければ私たちの社会はもはや機能しないでしょう。その一方、乗用車とトラックとバスとで、交通全体の炭素排出のほぼ75%を占めますが、解決策がすでにあります。環境に優しいエネルギーを動力源とする電気自動車です。これは大局を見据えるべき問題です。

コスタ：エメットさん？　これに対してはどのようなご意見ですか。

ハンソン：そうですね、緊急性の問題だと思います。車をすべて電気自動車にして、その電力供給をすべて環境に優しいものにするのは時間がかかります——長い時間が。しかし、飛行機に乗らないと決めるのは今日できることで、しかもすぐに効果をもたらします。

バートン：ええ、それは分かります。でもどんな代償があるでしょう？　あなたが運動とおっしゃるフリュグスカムは、実際は単に他人を非難する行為であり、人々は自分の身を守ろうと身構えるようになります。何をしていい、してはいけないと人々に指示をすると、まず間違いなく反発を招きます。そうではなく、人々の非難の矛先を、もっと大きな炭素排出分野に向けさせる必要があります——製造業、農業、環境に負荷のかかる発電に。これら3部門だけで、世界の炭素排出の70%を占めます。それこそが、気候問題のゴールを達成するのに役立つだけの大きな削減をすることのできる分野です。

コスタ：さて、ぜひもっと続けたいところではありますが、残念ながら今日のお時間はここまでです。エメット・ハンソンさん、バートン教授、ご参加いただきどうもありがとうございました。

(C)

［設問から得られるヒント］
質問文と選択肢から、さまざまなコミュニケーションの手段についての講義だと推測できる。
［設問ごとのリスニングポイント］

(11) 講義なので通常、初めにテーマが話されるだろう。ただし、全体から判断することになる可能性もある。

(12) pheromones がどのようなものとして話に登場するかを聞き取ろう。

(13) color をキーワードに、講義に出てきた機能を消していこう。5つの選択肢のうち4つは述べられているはずだ。

(14) 各選択肢に登場する fireflies、light、electricity などをキーワードに、放送文を聞いていこう。

(15) summary（まとめ）というからには、最後の部分で述べられるはずだ。language、nonverbal communication、advertise などをキーワードに、締めくくりの部分を聞こう。

(11) 正解：d)

この講義の主題は何か。

a) 動物も音声で意思伝達ができる。

b) 動物の言語コミュニケーションは、人間の言語ほど体系的、複雑ではない。

c) 人間だけが複雑な言語を使用しているわけではない。

d) 動物や人間のコミュニケーションは、非音声のものもあり得る。

e) 非言語コミュニケーションは、交尾相手を引き付ける。

解説

通常の講義と同様、テーマが初めの部分で示されている。前回の講義内容をイントロとして、この講義の内容へと話をつなげている。第1段落最終文の Today, let's take a look at の前で一区切りあって、ここで調子も変わるため、ここから講義のテーマが話されると身構えよう。

(12) 正解：b)

この講義によると、フェロモンは

a) オス象が交尾相手を引きつけるために出す可能性のあるにおいである。

b) ほかの動物に影響を与える化学物質である。

c) 縄張りに跡を付けるために木によって作り出される。

d) タコが色を変えるのに必要である。

e) 防御機構として分泌される。

解説

第4段落の pheromones, which are chemicals that influence the behavior of other animals（フェロモンとは、ほかの動物の行動に影響を与える化学物質のこと）から、b)が選べる。英語では pheromones のような専門用語が出てきた場合、同格節または関係代名詞節で補足説明することが非常に多い。

（13） 正解：b)

色の機能として述べられていないものは次のうちどれか。

a) 交尾相手を引きつけるために使われ得る。
b) （自身の）同定のために使われ得る。
c) 捕食者を警告して追い払うために使われ得る。
d) おいしくないと示すために使われ得る。
e) 縄張りを防御するために使われ得る。

解説

第5段落の冒頭部分で、一呼吸置いてColor also communicates information.と始まっており、話題が色に移ったことが分かる。a)とe)はタコについて、c)はヘビについて、d)は昆虫についての説明に出てくるが、b)については述べられていない。

（14） 正解：c)

この講義によると、次のうち正しいものはどれか。

a) ホタルは、夜に光を放つのに電気を使う。
b) 光は、川に生息する幾つかの動物によって、縄張りを示すのに使われる。
c) 電気は、あまり一般的でない非言語コミュニケーション手段の一つである。
d) 人間の言葉を理解できる動物の種もある。
e) 人間だけが、意思伝達に顔の表情を使うことができる。

解説

第6段落の冒頭でTwo less common waysと言われているので、あらかじめ選択肢に目を通しておけば、正解を選びやすいはずだ。

（15） 正解：c)

まとめの部分で講師が示唆しているのは、

a) 人間だけが言語を持つということ。
b) 非言語コミュニケーションは、人間ではなく主に動物がするものであるということ。
c) 人間と同じように、動物も宣伝することが可能だということ。
d) 次の講義には動物が何頭か持ち込まれること。
e) 言語コミュニケーションが最も効果的なタイプであるということ。

解説

質問文のIn the summaryは第7段落冒頭のTo summarizeに対応する。このフレーズが聞こえたら、問われる部分に入ったと認識しよう。最後近くのnext week I will talk about advertisements ... you will see that animals can do that（来週は宣伝について話すつもり……動物がそれをすることも可能だと分かるでしょう）の部分から、c)が正解。

▶スクリプトと訳

(C)

① Welcome back to my series of lectures on language and communication. You will remember last week that I was talking about human language and that I pointed out that animals, too, can communicate with sound, though it has yet to be proved that this communication is as systematic and complex as human language. If research on dolphins, for example, shows that it is, we will certainly have to remove it from the list of exclusively human characteristics. You will also recall that I concluded that human and animal communication is not limited to sound but that it can be nonvocal as well. Today, let's take a look at some of the forms that this soundless communication can take.

② First are gestures, which are body motions that communicate information. People, for example, might nod their heads when they want to show that they agree with something. Your dog might wag his tail in happiness when you return home from work or school. And, of course, we all know that some male birds spread their beautiful tail feathers or perform other gestures when they are trying to impress females.

③ Of course, we all know about facial expressions, which are a type of gesture made with the muscles of the face. Human beings probably have the largest variety of these. We smile to show happiness; we move our eyebrows down to indicate unhappiness. When we raise our eyebrows, we signal that we are surprised; when we lower them, we communicate that we are thinking. Animals also have facial expressions. Our closest relatives, gorillas and chimpanzees, have a range of them almost as varied as ours. And, of course, when a dog shows its teeth, you know that it is angry or afraid.

④ Then, there is scent, or smell. One specific way in which animals can use scent to communicate is with pheromones, which are chemicals that influence the behavior of other animals. Often, these pheromones have the purpose of attracting a mate — as when, for example, the scent of a female elephant signals to male elephants that she is ready to mate. Other types of pheromones are used by some animals to mark their territories. When you walk your dog and it urinates on a tree or bush, the dog is identifying itself and saying that it lives nearby.

⑤ Color also communicates information. We've all heard how an octopus will change its color to defend, or protect, its territory or to show that it is ready to mate. We also know that brightly colored snakes seem to have few predators because their red or yellow or orange color warns other animals that they are very dangerous. There are also some insects that similarly use color to signal to birds that they are not tasty.

⑥ Two less common ways to communicate nonverbally are with light and electricity. As an example of the light method, fireflies and other insects flash light at night to indicate that they are looking for a mate and to signal their location. With the electricity method, some eels can communicate that a certain area in a river is part of their territory. They do this by generating, or creating, electricity at different intervals of time, kind of like radio waves. Other eels apparently "read" this information and usually stay away.

⑦ To summarize, language is a form of communication, but there are many nonverbal ways to communicate, as we have seen. Humans do not have a monopoly on these other forms of communication; in other words, all animals communicate nonverbally, not just humans. For whatever purpose, this communication is necessary to live in the natural world. Now, that said, let me remind you that next week I will talk about advertisements. If you have been following this presentation closely, you will see that animals can do that, too. Any questions?

①言語とコミュニケーションについての講義シリーズにまた出席していただきありがとうございます。先週、人間の言語について述べたのですが、動物も同様に音を使って意思を伝えることができると指摘したのを思い出してください。とは言っても、動物のコミュニケーションが人間の言語と同じくらい体系的で複雑であるとはまだ証明されていません。例えば、イルカのコミュニケーションがそう（人間と同様に体系的で複雑）であると研究で示されるとすると、間違いなく、人間のみの特性を列挙した一覧表から言語を除外しなくてはなりません。また、人間と動物のコミュニケーションは音だけに限らず、非音声のものもあると結論づけたことも思い出してください。本日の講義では、この非音声コミュニケーションが採り得る、幾つかの形を見てみましょう。

②まず初めは身振りで、情報を伝達するための体の動きのことです。例えば、人間は何かに同意していると伝えたいときに首を縦に振ることがあります。犬は飼い主が会社や学校から帰宅すると、うれしくてしっぽを振るでしょう。さらに言うまでもなく、私たちが皆知っているように、オス鳥はメス鳥の気を引こうとするとき、美しい尾羽を広げたり、そのほかの動きをして見せたりします。

③当たり前のことですが、私たちは皆、顔の表情についてよく分かっていますね。これは顔の筋肉を動かして行う意思表示の一種です。おそらく人間が最も多様な表情を持っています。喜びを表すのに微笑み、不快さを表すのに眉を下げます。眉をつり上げると驚いている、眉を下げると考え中であることを伝えます。動物もまた、表情を持っています。人間に最も近い同族の動物であるゴリラやチンパンジーは、ほぼ人間と同じくらい多様な表情を持っています。さらに、言うまでもなく、犬が歯を見せれば、その犬が怒っている、または怖がっているのだと分かります。

④次に、香りやにおいがあります。動物が香りを使って意思伝達をする具体的な方法の一つはフェロモンを使うやり方で、フェロモンとは、ほかの動物の行動に影響を与える化学物質のことです。しばしば、これらのフェロモンには交尾相手を引きつける目的があります。例えば、メス象は交尾できる場合、オス象に香りで合図します。ほかの種のフェロモンは、動物が縄張りに跡を付けるために使われています。犬の散歩中、犬が木や茂みに排尿するとき、犬は自分が誰であるかを明かし、近くに住んでいるのだと伝えているのです。

⑤さらに、色も情報を伝えます。タコは、縄張りを防御したり保護したりする目的で、あるいは交尾する準備ができていることを示す目的で体の色を変えると、皆さんは聞いたことがあるでしょう。また、明るい色をしたヘビにはほとんど敵がいないらしいことも分かっています。なぜなら、赤色や黄色やオレンジ色をしているヘビは、自分たちがとても危険であることをほかの動物に警告しているからです。同様に、自分たちがおいしいものではないと鳥に伝えるために、同じようなことをしている昆虫もいます。

⑥あまり一般的でない非言語コミュニケーションの2つの方法は、光と電気を使うやり方です。光を使う方法の例として、ホタルやほかの昆虫は、交尾相手を探していると知らせたり、自分の位置を合図したりするために、夜に光を放ちま

す。ある種類のウナギは、電気を使って、川中のある特定の範囲が自分の縄張りであると伝えることができます。これらのウナギは、言ってみれば電波のように、異なった時間間隔で発電、つまり電気を作ることで、情報を伝達しているのです。どうやらほかのウナギはこの情報を「読み取る」らしく、たいてい近寄らないようにしています。

⑦まとめますと、言語はコミュニケーションの一形態ですが、これまで見てきたように、ほかにも多くの非言語のコミュニケーション手段があります。人間がこれら非言語コミュニケーションを独占しているわけではありません。言い換えれば、人間だけでなく、すべての動物が非言語の方法でコミュニケーションを行うということです。どんな目的であれ、自然界で生きていくにはこのコミュニケーションは必要です。では、そういうわけで、来週は宣伝について話すつもりだとお知らせしておきます。この講義にしっかりとついてきているなら、動物が宣伝をすることも可能だと分かるでしょう。質問はありますか？

Comment from Kimutatsu

入試で時事問題が取り上げられることがあるよね。それは出題者からの「大学に入ろうとしてるんだから、日本や世界の情勢に関心を持ってほしい」というメッセージと違うかな。バランスの取れた人間になるためにも新聞は毎日読もう。学業もできて時事問題にも詳しい、カッコイイ学生になってほしいな。

コラム「Kimutatsu's Cafe」では、
キムタツ先生のお知り合いの先生方に話を伺います。

自分の可能性を限定するにはまだ早い。
未来の自分に感謝されるような努力をしよう

佐藤仁志先生（SATO, Hitoshi）聖光学院中学校高等学校 教諭

まずは私の体験談。

まだセンター試験（現在の共通テスト）にリスニングというものがなかったころの話です。高1、高2と特別リスニングの学習をすることもなく過ごしていた私は、高3の4月に志望校が定まり、受験科目を調べました。すると、何とそこには"リスニング"の文字が。当時の私は「まあ、とりあえず、リスニング以外で稼ごう」と、今思うと冷や汗の出る決断をし、受験勉強に入っていきました。

そして迎えた夏の実践模試シーズン。この原稿を書くにあたって、当時の結果が残っていないかと家中を捜してみたら、やっと1つ見つかりました。そこに書かれていたリスニングの点数は"30点中4点"というもの。ついでに見つかった解答用紙を見ると、どうやらこの"4点"は、選択問題のまぐれ当たりのようでした。

「近ごろの若い人は……」なんてセリフが出てくるのは歳をとってきた証拠かもしれませんが、それでも今、英語教師として思うのは、「近ごろの生徒はうらやましいなあ」ということです。リスニングの教材が山ほど書店に並び、高校生のリスニング学習を取り巻く環境は、私の高校時代と比べ劇的に変化しました。

リスニングの苦手な生徒の中には「リスニングなんて無ければいいのに」と仮定法の例文になりそうな願いを持っている人が多いでしょう。もしかしたら英語が得意な生徒の中にも、「とりあえずリスニングは捨てて、それ以外で稼ごう」と考えている人がいるかもしれません（まるで当時の私のように）。でも、せっかくここまで頑張って学習してきた英語なのに「聞き取りは駄目（あるいは嫌）」というのは、本当にもったいないことです。ましてや、「どうせ自分は受験でしか使わない」と決めつけている人がいるとすれば、それは今のあなたが決めることではなく、未来のあなたが決めることです。巷にあふれる大人向けの教室・教材の多さがそれを物語っていますよね。

本書を手にした皆さんの願いは、"受験を通過するために"リスニングを何とかしよう、というものが主でしょう。今はそれでも構いません。ぜひ、一生懸命聞き、ディクテーションをし、音読をしてください。そうやって力を蓄えていけば、きっと大学合格とともに"使える英語"、"役立つ英語"の入り口に立っている自分が手に入ります。未来の自分に感謝されるような努力をしていきましょう。

🎧 22

(A)

これから放送するのは、世界各国の政治制度についての授業に招かれた **Anita Patterson** 博士の講義である。これを聞き、(**1**) 〜 (**5**) の問いに対して、それぞれ最も適切な答えを一つ選べ。

(1) **According to the lecture, which of the following happened in 1707?**

a) England and Scotland began to share the same monarch.
b) England and Wales were united.
c) England and Scotland became the Kingdom of Great Britain.
d) The United Kingdom of Great Britain and Ireland was created.
e) The formal name the United Kingdom of Great Britain and Northern Ireland was adopted.

(2) **According to the lecture, who is the head of state of the U.K.?**

a) The monarch.
b) The prime minister.
c) The House of Commons.
d) Parliament.
e) An elected member of the House of Lords.

(3) **When did Elizabeth become the queen?**

a) 1922.
b) 1927.
c) 1946.
d) 1952.
e) 1984.

(4) **Based on the lecture, which of the following is something that only the monarch can do?**

   a) Decide with Parliament the nation's tax rates.

   b) Sign agreements with the governments of other nations.

   c) Make legal decisions about the education system after consultation with the prime minister.

   d) Sign Parliament's suggestions in order to revise criminal law.

   e) Order the military to defend Parliament.

(5) **What does Dr. Patterson believe about the four parts of the U.K.?**

   a) They do not have the same legislative powers.

   b) Their national identities are very similar.

   c) They have not been successful so far.

   d) The U.K. is unlikely to dissolve them.

   e) They will eventually have a written constitution.

🎧 23

(B)

これから放送するのは、**Jessup**博士と生徒の**Matt**による、**(A)**と内容的に関連した会話である。これを聞き、**(6)** 〜 **(10)** の問いに対して、それぞれ最も適切な答えを一つ選べ。

(6) **According to the conversation, what is the source of a prime minister's political power in a constitutional monarchy?**

   a) The parliament.

   b) The president.

   c) The king, queen or emperor.

   d) The head of government.

   e) The people.

(7) According to Dr. Jessup, in France's semi-presidential system, what is the head of state called?

a) A premier.
b) A president.
c) A council.
d) A consul.
e) A monarch.

(8) What is Jessup unsure about?

a) Whether the Roman Republic had two people as the head of state.
b) Whether one of the seven-member council of Switzerland is a premier.
c) Whether the U.S. government has a head of state.
d) Whether the head of government of Switzerland is also the head of state.
e) Whether people turned against monarchies in the 18th and 19th century.

(9) Why does Jessup believe that republics came to be established?

a) People had had enough of monarchies.
b) Monarchs were abusing the people.
c) The social contracts were changing their forms.
d) People were seeking fairness and equality.
e) Republics always develop from monarchies.

(10) According to Jessup, what do people living with a social contract have to give up?

a) A certain security.
b) Some of their leaders.
c) Some freedoms.
d) Certain agreements.
e) Their right to a constitution.

🎧 24

(C)

これから放送する講義を聞き、(11) ～ (15) の問いに対して、それぞれ最も適切な答えを一つ選べ。

(11) **According to the lecture, from whom did Davy Crockett probably first hear stories about the West?**

a) From local farmers.
b) From travelers who visited his parents' tavern.
c) From his grandparents.
d) From his older brothers and sisters.
e) From Creek and Cherokee Indians.

(12) **According to the lecture, in Crockett's time what did men need in order to get married?**

a) Some education.
b) Strength and independence.
c) A horse and a rifle.
d) A farm.
e) Land and a horse.

(13) **How many acres of land did the new government of Texas promise Crockett?**

a) About 100 acres.
b) Almost 200 acres.
c) Almost 2,000 acres.
d) About 3,600 acres.
e) Over 4,000 acres.

(14) **On what day and in what year did the battle against Mexican soldiers end?**

a) On January 14, 1835.
b) On March 23, 1835.
c) On February 6, 1836.
d) On February 23, 1836.
e) On March 6, 1836.

(15) **Which of the following is NOT mentioned about Crockett?**

a) He was one of nine children.
b) He fought in the Creek Indian War.
c) He helped make state laws for Tennessee.
d) He felt disappointed with Texas and left there.
e) He remarried after his first wife died.

解き終わったら、次ページからの
解答と解説をチェック!

Trial Test 7
▶解答と解説

[設問から得られるヒント]
英国の政治や国家元首がテーマらしい。また英国を構成する4地域も話に出てきそうだ。
[設問ごとのリスニングポイント]
(1) 1707(seventeen o seven)を事前に何度も頭の中で繰り返しておこう。
(2) the head of state が元首のことだと分かれば、選択肢を絞ることができる。
(3) Elizabeth、queen をキーワードに、西暦年を聞き取ろう。
(4) 君主の持つ権限の問題。monarch をキーワードに、それがどんなことをすると述べられているかを聞き取ろう。
(5) the four parts of the U.K. をキーワードとして想定し、待ちながら聞いてみよう。

(1) 正解：c)

講義によると、1707年に起こったことは次のうちどれか。

a) イングランドとスコットランドが同じ君主を共有し始めた。
b) イングランドとウェールズが統合した。
c) イングランドとスコットランドがグレートブリテン王国になった。
d) グレートブリテンおよびアイルランド連合王国が誕生した。
e) グレートブリテンおよび北部アイルランド連合王国の正式名称が採用された。

解説

1707という西暦年に反応できれば、講義の第1段落のWith another Act of Union, in 1707, the kingdoms of Scotland and England united to form the Kingdom of Great Britain（1707年の別の連合法によって、スコットランド王国とイングランド王国が統合し、グレートブリテン王国を形成した）を聞き取るのは簡単だろう。

(2) 正解：a)

講義によると、英国の国家元首は誰か。

a) 君主。
b) 首相。
c) 下院。
d) 国会。
e) 選出された上院議員。

解説

講義の第2段落でa monarch ― Queen Elizabeth Ⅱ at the moment ― who is the head of state.（君主――現在のエリザベス2世――つまり国家元首）と言っているので、a)が正解。第5段落でThe prime minister, who is the head of government（政府の首班である首相は）とも言っているので、惑わされないように注意。首相は「行政府の長」である。

(3) 正解：d)

エリザベスが女王になったのはいつか。

a）1922年。
b）1927年。
c）1946年。
d）1952年。
e）1984年。

解説

講義の第3段落のQueen Elizabeth, monarch since 1952（1952年からの君主であるエリザベス女王）の部分から答えが分かる。

(4) 正解：d)

講義に基づくと、君主のみができることは次のうちどれか。

a）国会とともに国家の税率を決める（こと）。
b）他国の政府との協定に調印する（こと）。
c）首相と話し合った後、教育制度についての法的な決定を下す（こと）。
d）刑法を改正するために国会の提案に署名する（こと）。
e）軍に国会を守るよう命じる（こと）。

解説

講義の第3段落冒頭のThe British monarch has almost no real control over government.（英国君主は政府にほとんどまったく影響力を持たない）を聞いたとき、次におそらく詳細や補足の説明が来る、と身構えるようにしよう。Queen Elizabeth, monarch since 1952, does, however, sign bills that become laws（しかし、1952年からの君主であるエリザベス女王は、法律となる議案に署名をする）の部分から、答えはd)だと分かる。

(5) 正解：a)

パターソン博士は、英国の4つの地域についてどのように考えているか。

a）同じ立法権は持っていない。
b）国民性がとてもよく似ている。
c）これまでのところうまくいっていない。
d）英国はおそらくそれらを解散させないだろう。
e）いずれは成文憲法を持つだろう。

解説

講義の第6段落のthe four parts of the U.K. have their own national identities（英国の4つの地域はそれぞれ独自の国民性を持っている）の続きの部分を注意深く聞こう。「1999年にスコットランドとウェールズはいずれも独自の議会を設立したが、スコットランドの議会には立法権があり、ウェールズの議会にはない」という話が続くので、a)が正解。

▶スクリプトと訳

(A) 🎧22 Dr. Jessup Dr. Anita Patterson

Dr. Jessup: In this series of lectures, we've covered some of the different political systems in the world. Today, I'm delighted to have the well-known political scientist Anita Patterson as a guest lecturer. Dr. Patterson, welcome to this class.

Dr. Anita Patterson: Thank you, Dr. Jessup. Glad to be here.

Jessup: So, could you give us a general outline of the political system of the U.K.?

Patterson: ① As you know, the U.K. is formally called the United Kingdom of Great Britain and Northern Ireland. It is wrong to call it England, and inaccurate to call it Great Britain. The reason it is wrong is that England is only one of the four parts that make up the U.K., while the others are Scotland, Wales and Northern Ireland. The reason it is inaccurate is that Great Britain is the island on which England, Scotland and Wales are located, with Northern Ireland itself on the island of Ireland. England and Wales became joined by the Act of Union in 1536, though Wales had been under English control since 1284. With another Act of Union, in 1707, the kingdoms of Scotland and England united to form the Kingdom of Great Britain — they had shared the same monarch, or king and queen, since 1603. England had been attempting to control Ireland since the 12th century and a third Act of Union, in 1800, created the United Kingdom of Great Britain and Ireland. Finally, the formal name the United Kingdom of Great Britain and Northern Ireland was adopted in 1927 after the island of Ireland was divided in 1922 between Ireland, which had become an independent country, and Northern Ireland, which remained part of the U.K.

② Though one of the few countries without a formal, written constitution, the U.K. is still considered a constitutional monarchy and has a monarch — Queen Elizabeth II at the moment — who is the head of state. It also has a prime minister.

③ The British monarch has almost no real control over government. Queen Elizabeth, monarch since 1952, does, however, sign bills that become laws, though no monarch has refused to do so since Queen Anne in 1708. She also opens Parliament officially each year and is consulted weekly by the prime minister. She also nominally has the power to close Parliament, but despite her lack of real power, or perhaps because of it, Queen Elizabeth has remained a seemingly popular monarch, with support from many of the people of the U.K.

④ Parliament is composed of the House of Commons, whose 650 members are elected to represent different areas, and the House of Lords, whose 791 members are not elected but have been appointed. The Commons is by far the more powerful of the two houses and can make laws, even if the Lords reject them.

⑤ The prime minister, who is the head of government, is the leader of the largest political party in the House of Commons. To help run the various parts of the government, the prime minister forms a cabinet. These ministers may, for example, help make laws related to taxes, education, foreign relations, the military and the prison system.

⑥ For historical reasons, the four parts of the U.K. have their own national identities, which has led to demands for more political freedom within the country. Because of this, in 1999, Scotland formed its own parliament, which has legislative power, and Wales established an assembly — a regional government — but unlike Scotland's Parliament, it cannot make laws. Other regions have also attempted to make their own assemblies, but they have so far been unsuccessful. The U.K. could at any time dissolve these local governments but that probably will not happen.

ジェサップ博士：この連続講義では、世界のさまざまな政治制度のうち幾つかを取り上げてきました。今日はうれしいことに、有名な政治学者のアニタ・パターソンさんをゲスト講師としてお迎えしています。パターソン博士、この授業にようこそ。

アニタ・パターソン博士：ありがとうございます、ジェサップ博士。お招きいただきうれしいです。

ジェサップ：では、英国の政治制度の概要をお話しいただけますか。

パターソン：①ご存じの通り、英国は、正式には「グレートブリテンおよび北部アイルランド連合王国」と呼ばれています。これをイングランドと呼ぶのは間違いで、大ブリテン島と呼ぶのは正確ではありません。間違いだという理由は、イングランドは英国を構成する4つの地域の一部にすぎないからです。それ以外はスコットランド、ウェールズ、北アイルランドです。正確ではないという理由は、大ブリテン島はイングランド、スコットランド、そしてウェールズがある島のことで、北アイルランドはアイルランド島にあるからです。ウェールズは1284年以来イングランドの支配下にありましたが、イングランドとウェールズは1536年の連合法によって統合されました。スコットランドとイングランドは、1603年以来同じ君主、つまり王または女王を共有していて、1707年の別の連合法によって、スコットランド王国とイングランド王国が統合し、グレートブリテン

王国を形成したのです。イングランドは12世紀からアイルランドを統制下に置こうと試み続けていて、1800年の3度目の連合法によって、グレートブリテンおよびアイルランド連合王国が誕生しました。ついに、1922年にアイルランド島が、独立国となったアイルランドと英国の一部として残った北アイルランドに分かれた後、1927年に「グレートブリテンおよび北部アイルランド連合王国」という正式名称が採用されたのです。

②正式な成文憲法がない数少ない国家の一つではありますが、英国はそれでも立憲君主国とされており、君主——現在のエリザベス2世——つまり国家元首を持ちます。また、英国には首相がいます。

③英国君主は、政府にほとんどまったく影響力を持ちません。しかし、1952年からの君主であるエリザベス女王は、法律となる議案に署名をします。それは、1708年のアン女王以来すべての君主が拒否せずにしてきたことです。また、女王は毎年、国会を正式に開会し、週に一度首相から意見を求められます。彼女はまた、名目上は国会を閉会する権限を持ちますが、実権がないにもかかわらず、またはおそらくそのおかげで、エリザベス女王は、見たところ英国国民から多くの支持を集める人気の君主であり続けています。

④国会は、異なる地域の代表として選出される650人の議員がいる下院と、選出されずに任命される791人の議員がいる上院から成ります。両院のうち下院は、上院よりもかなりの権力を持っており、上院が否決しても法律を制定できます。

⑤政府の首班である首相は、下院の最大与党の党首です。政府のさまざまな機能を動かすために、首相は内閣を形成します。例えば、これらの大臣は税金、教育、外交、軍事、刑務所制度などに関する法律を制定する手助けをします。

⑥歴史的な理由から、英国の4つの地域はそれぞれ独自の国民性を持っており、そのため、国内における政治的な自由をより強く求める動きを引き起こしています。これによって、1999年にスコットランドは立法権を持つ独自の議会を結成し、ウェールズは議会——地方政府——を設立しました。しかし、ウェールズではスコットランド議会のように法律を制定することはできません。ほかの地方も独自の議会を設立しようとしていますが、今のところ成功していません。英国政府はこれら地方議会をいつでも解散させられますが、おそらくそれはやらないでしょう。

(B)

(6) 立憲君主国における首相の権能は何から生じているか。予備知識で分かるかもしれないが、しっかり聞くようにしよう。

(7) フランスの head of state（国家元首）は何と呼ばれるか。(6)の選択肢にある head of government（政府の首班）との関わりが述べられる可能性もある。

(8) ジェサップが「確信がない」と言っている事柄を聞き取る必要がある。選択肢を見る限り、head of state や head of government がキーワードかもしれない。

(9) republics が話題に登場する箇所をよく聞こう。あくまでジェサップが述べていることに基づいて解答する必要がある。

(10) 啓蒙思想についての知識（社会契約においては、無政府状態に陥らないために国民がある種の権限を国家に譲り渡す）から選択肢を絞れるが、予備知識なしでも give up あるいはそれに相当する表現に注意すれば解答できる。

(6) 正解：e)

会話によると、立憲君主国における首相の政治権力の源は何か。

a) 議会。

b) 大統領。

c) 王、女王、または天皇。

d) 政府の首班。

e) 国民。

解説

政治についての知識があれば解けるが、ジェサップ博士の3つ目の発言の最終文 The prime minister's political power, and that of the parliament, comes from the people.（首相と議会の政治権力は国民からもたらされている）を聞き取れば正解を選べる。comes from の部分が質問文では source を使って言い換えられている。

(7) 正解：b)

ジェサップ博士によると、フランスの半大統領制では、国家元首は何と呼ばれているか。

a) 総理大臣。

b) 大統領。

c) 参事会。

d) 執政官。

e) 君主。

解説

semi-presidential system（半大統領制）を待ち構えて聞こう。中ほどのジェサップの発言に

これが登場し、その後にlike that of Franceと続くので、この後に述べられていると判断できる。the head of government（政府の首班）がa prime minister or premier（首相か総理大臣）と呼ばれ、the head of state（国家元首）がa president（大統領）と呼ばれることが順を追って説明されるのを聞き取ろう。

(8) 正解：d)

ジェサップは何について確信を持っていないのか。

a) ローマ共和国に2人の国家元首がいたかどうか（について）。
b) スイスの7人から成る参事会の1人が総理大臣であるかどうか（について）。
c) アメリカ政府に国家元首がいるかどうか（について）。
d) スイス政府の首班が国家元首でもあるかどうか（について）。
e) 18世紀や19世紀に民衆が君主と敵対したかどうか（について）。

解説

ジェサップの発言 I am not sure.（確かではない）は、その前のマットの質問 But isn't the Swiss head of government also the head of state?（でも、スイスでは政府の首班が同時に国家元首なのではないか）に対しての返答なので、正解は d)。マットの質問内容を聞き流すと解答に悩むことになる。選択肢にある the Roman Republic、Switzerland、U.S. government などがキーワードになりそうなので事前にしっかり頭に入れておくようにしよう。

(9) 正解：d)

ジェサップは、共和国が成立するようになったのはなぜだと考えているか。

a) 国民がすでに君主国にうんざりしていた（から）。
b) 君主が国民を迫害していた（から）。
c) 社会契約が形を変えようとしていた（から）。
d) 国民が公正さや平等を求めていた（から）。
e) 共和国は常に君主国から発展する（から）。

解説

マットが後半で why did republics develop?（なぜ共和国は発展したのか）と質問したのに対し、ジェサップが答えている部分をよく聞こう。People wanted fairness, not the inequality that monarchy embodied（国民は公正さを求めていた、君主国が体現していた不平等ではなく）の部分から、d)が正解。

(10) 正解：c)

ジェサップによると、社会契約の中で生きる人々が放棄しなくてはならないのは何か。

a) ある種の安全。
b) 何人かの指導者。
c) いくらかの自由。
d) ある種の合意。
e) 憲法を手にする権利。

The social contract?（社会契約ですか？）とマットが問い返している部分以降をよく聞こう。ジェサップが that means that people give up certain freedoms within society in order to live a safer, more secure life（それは、より安全で不安のない生活を送るために、人々がある種の社会的自由を放棄するという意味だ）と答えているので、正解は c)。

▶スクリプトと訳

(B) 23 Matt  Dr. Jessup

Matt: Dr. Jessup, I've started working on the assignment, and I'd like to ask you some questions.

Dr. Jessup: Of course.

Matt: What's the difference between a republic and a constitutional monarchy?

Jessup: Well, a republic is a country with a government whose political power comes from the people. A constitutional monarchy is a country with a constitution that also has a monarch.

Matt: So, that means a republic is democratic but a constitutional monarchy is not because it has a monarch?

Jessup: No, a constitutional monarch is just the head of state, which means he or she is the main public representative of the country. However, the monarch may have political powers, depending on the constitution. Today, almost all monarchies are combined with democracy. If they weren't, then the country would be an absolute monarchy. That means the monarch would have all of the political power. Nowadays, however, almost all constitutional monarchs exist only because an elected parliament allows them to. Constitutional monarchies also have a prime minister, who is the head of government. The prime minister's political power, and that of the parliament, comes from the people.

Matt: And what about republics? Who is the head of state and who is the head of government?

Jessup: Well, in a presidential system, like that of the U.S., these two roles are combined in the person who is usually called a president. In a semi-presidential system, like that of France, the roles are separate, with one person as the head of the government and another person as the head of state. In such a system the head of government is usually called a prime minister or premier, and the head of state is called a president. In some countries, like Switzerland, the head of state is not even a person; it is a council, or a group of seven persons holding that office. Historically, in the Roman Republic, there were two people, called consuls, who took turns holding that position for a month at a time during the one year that they were in office.

Matt: But isn't the Swiss head of government also the head of state?

Jessup: Matt, let me get back to you on that one. I am not sure.

Matt: That's OK, Dr. Jessup. Anyway, why did republics develop?

Jessup: Well, I guess, because during the 18th and 19th centuries people increasingly began to agree that the people of a country should have the right to choose their leaders. They began to feel that their leaders should not be born into their positions but should be elected from among the people. Anyway, that's definitely what happened with the American and French revolutions. People wanted fairness, not the inequality that monarchy embodied, and began talking about the social contract.

Matt: The social contract?

Jessup: Well, that means that people give up certain freedoms within society in order to live a safer, more secure life. If their leaders can't protect them or if their leaders don't give them that security, or if their leaders are abusing them, then the leaders are breaking the social contract. They're breaking that social agreement.

Matt: I see, Dr. Jessup. Then, the people make republics, write constitutions and possibly change their monarchs.

Jessup: That's right, Matt. Good luck on the assignment.

マット：ジェサップ先生、課題に取り組み始めたところなんですが、幾つか質問したいことがありまして。
ジェサップ博士：もちろん、どうぞ。
マット：共和国と立憲君主国との違いは何ですか？
ジェサップ：まあ、共和国は、国民から政治権力がもたらされている政府を持つ国家のことだね。立憲君主国は、憲法を持ち、さらに君主が存在する国家のことだ。
マット：では、共和国は民主主義だけれど、立憲君主国は君主がいるためそうではないという意味ですか？
ジェサップ：いいや、立憲君主とは単なる国家元首で、つまり君主は国家の主要な公的代表者だということだ。しかし、君主が政治的権力を持っている場合もあって、それは憲法によるね。今日ではほとんどすべての君主国が民主主義を採り入れている。もし民主主義を採り入れていないとすれば、その国家は絶対君主国だ。ということは、君主がすべての政治権力を握っているわけだ。しかし近頃では、ほとんどすべての立憲君主国は選出された議会が認めているか

らこそ存在している。さらに、立憲君主国家には政府の首班である首相がいるね。首相と議会の政治権力は国民からもたらされているんだよ。

マット：では、共和国はどうでしょう？　誰が国家元首で、誰が政府の首班なのですか？

ジェサップ：さて、アメリカのような大統領制では、それら2つの役割は合わされて、通常、大統領と呼ばれる人物1人が果たしているよ。フランスのような半大統領制では、それらの役割は分けられており、1人の人物が政府の首班、もう1人の人物が国家元首となる。そうした制度の中では、政府の首班が通常、首相か総理大臣と呼ばれて、国家元首が大統領と呼ばれる。スイスのように、国家元首が1人の人物ですらない国もある。つまり、国家元首が参事会、すなわち役職にある7人から成るグループなのだよ。歴史的に見ると、ローマ共和国には執政官と呼ばれた2人の人物がいて、1年の在任期間中に一度に1カ月ずつ交代でその職を務めたんだ。

マット：でも、スイスでは政府の首班が同時に国家元首なのではないですか？

ジェサップ：マット、その点については、今度また話そう。確かではないのでね。

マット：大丈夫です、ジェサップ先生。それはそうと、なぜ共和国は発展したのでしょう？

ジェサップ：まあ、私が推測するに、18世紀から19世紀の間に、国民が自分たちの指導者を選ぶ権利を持つべきだという意見に賛同する人々が増え始めたからだろうね。彼らは、指導者はその職に生まれついて就くべきではなく、国民によって選ばれるべきだと考え始めたんだ。ともかく、それがアメリカ独立戦争やフランス革命で起こったことは間違いない。国民は公正さを求めていたんだ、君主国が体現していた不平等ではなく。そして、社会契約について話し始めていた。

マット：社会契約ですか？

ジェサップ：それはね、より安全で不安のない生活を送るために、人々がある種の社会的自由を放棄するという意味だよ。もし指導者が国民を保護しなかったり、指導者が国民にそのような安全を与えなかったり、指導者が国民を迫害するならば、それは指導者が社会契約を破っているということになる。彼らはその社会契約に違反しているわけだ。

マット：ジェサップ先生、分かりました。つまり、国民が共和制を敷き、憲法を起草して、さらに君主を変えることもできるのですね。

ジェサップ：その通りだよ、マット。課題、うまく進むといいね。

(C)

［設問から得られるヒント］
Davy Crockett の生涯が語られているようだ。アメリカの開拓史における伝説的英雄なので、名前や略歴を知っている人もいるかもしれない。

［設問ごとのリスニングポイント］

(11) 質問文や選択肢に the West、Creek and Cherokee Indians などの語句が登場しているので、アメリカの西部開拓が背景にあるかもしれないと推測できる。

(12) キーワードは get married だが、in Crockett's time も重要と考えられる。その当時独特のしきたりが述べられている部分に注意しよう。

(13) promised と acres が聞き取りのポイントになりそうだ。数字に集中してメモを取りながら聞こう。

(14) battle against Mexican soldiers もしくはそれに類する語をキーワードとして想定し、時系列を整理しながら聞こう。年月日が幾つか登場するので、混乱しないようにメモを取ること。

(15) Creek Indian、Tennessee、Texas などの固有名詞は聞き取りやすいはずなのでしっかり頭に入れておき、講義の内容と一致する選択肢は消していこう。

(11) 正解：b)

講義によると、デイビー・クロケットが最初に西部についての話を聞いたのはおそらく誰からか。

a) 地元の農場経営者たちから。
b) 両親の酒場を訪れた旅人たちから。
c) 祖父母から。
d) 兄たちや姉たちから。
e) クリーク族とチェロキー族から。

解説

第2段落の最後で、... where his parents had a tavern. There, he probably first heard stories from whiskey-drinking travelers about many other places in early America, including the West,（……そこで両親は酒場を営んだ。その酒場でウィスキーに酔った旅人たちから、彼はおそらく初めて、西部も含んだ、初期アメリカのほかの多くの土地にまつわる話を聞いたのだろう）と言われているので、b)が正解。事前に確認しておいたキーワードを押さえながら聞けば正解できる。tavern（酒場）という語を知らなくても、解答に影響はないはずだ。

(12) 正解：c)

講義によると、クロケットが生きた時代には、男性は結婚するために何が必要だったか。

a) ある程度の教育。
b) 強さと独立心。
c) 馬とライフル。
d) 農場。
e) 土地と馬。

解説

第3段落のhe was able to buy himself a horse and a rifle.（彼は馬とライフルを買うことができた）を聞いて選択肢中のa horse and a rifleを思い出せるよう、必ず事前に選択肢に目を通しておこう。続くThese were necessary for a man to get married at that time,（これらは当時、男性が結婚するために必要なものだった）の部分で、正解がc)だと確信できる。

（13） 正解：e)

テキサス新政府がクロケットに提供すると約束した土地の面積は、何エーカーか。

a) 約100エーカー。
b) 200エーカー近く。
c) 2000エーカー近く。
d) 約3600エーカー。
e) 4000エーカー超。

解説

the new government of Texasやpromised、acresといった語句を待ち受けながら聞こう。第6段落のthe new government of Texas promised him 4,605 acres of land（テキサス新政府が彼に4605エーカーの土地を提供すると約束した）という箇所から正解が分かる。

（14） 正解：e)

メキシコ兵たちとの戦いが終わったのは、何年の何月何日か。

a) 1835年1月14日。
b) 1835年3月23日。
c) 1836年2月6日。
d) 1836年2月23日。
e) 1836年3月6日。

解説

第6段落に幾つか出てくる年月日を整理しながら聞こう。February 6, 1836,以降の部分で、クロケットがこの日に出陣したことが述べられており、その少し後のAfter a battle against almost 2,000 Mexican soldiers that lasted from February 23 to March 6 ...（2月23日から3月6日まで続いた、約2000人のメキシコ兵たちとの戦いの後……）から答えが分かる。なおこの年月日は、講義の冒頭でも「クロケットが殺された日」として触れられている。

（15） 正解：d)

クロケットについて述べられていないものは次のうちどれか。

a) 9人の子どものうちの1人だった。
b) インディアンのクリーク族との戦いで戦った。
c) テネシー州法を制定するのに協力した。
d) テキサスに失望してそこを去った。
e) 最初の妻の死後、再婚した。

解説

講義を通して聞きながら、話に登場した選択肢を消していこう。クロケットがテネシー州にゆかりがある人物であることがさまざまな箇所で述べられており、第5段落では Disappointed with politics, he left for Texas（政治に失望し、彼はテキサスへ去った）と言われている。「テキサスを去った」のではないので、正解は d)。

▶スクリプトと訳

(C) 24

① Born in a small cabin on August 17, 1786, and killed with almost 200 other men defending the Alamo against thousands of Mexican soldiers, on March 6, 1836, Davy Crockett is an American legend whose life took him from the forests and fields of his early Tennessee home to the U.S. Congress and finally to his death in Texas.

② Crockett's beginnings were truly humble, truly poor and truly violent. While looking for new farmland, Crockett's grandparents had been killed in 1777 by Creek and Cherokee Indians in East Tennessee. His father, John, and his mother, Rebecca, moved several times searching for a place to raise their family, only to lose their home in a flood when the young Davy was 8 years old. After this disaster, the strong and independent family moved again to Jefferson County, where his parents had a tavern. There, he probably first heard stories from whiskey-drinking travelers about many other places in early America, including the West, where he would go later.

③ The fifth of nine children, Crockett attended school for only about six months during his youth, instead having to work hard for his parents and other farmers. With the money he earned, he was able to buy himself a horse and a rifle. These were necessary for a man to get married at that time, and he married Polly Finley in 1806. Unfortunately, Polly died in 1815, but that same year, Crockett remarried with Elizabeth Patton — a widow with three children. They would go on to have two sons of their own.

④ Crockett's life at this time was full of events. From 1813 to 1814, he fought as a volunteer in the Creek Indian War. From 1821 to 1824, he was a member of the Tennessee legislature, where he helped to make state laws. Later, from 1827 to 1831, and again from 1833 to 1835, he was a member of the U.S. Congress in Washington, D.C., helping to make national laws. With only a six-month education, this was an amazing thing for him to do.

⑤ When Crockett ran for Congress again in 1835, he was defeated. Disappointed with politics, he left for Texas in the fall of 1835, writing back to his family in Tennessee in 1836 that he preferred his new life.

⑥ Actually, however, Crockett was probably looking for new opportunities as well as excitement. On January 14, 1836, when the new government of Texas promised him 4,605 acres of land, he signed an oath, promising to help defend Texas. To carry out this promise, on February 6, 1836, Crockett and other men rode to San Antonio, Texas, where they hid themselves behind the walls of an old church, called the Alamo, waiting for a Mexican army led by General Santa Anna. Unfortunately, this was Crockett's last adventure. After a battle against almost 2,000 Mexican soldiers that lasted from February 23 to March 6, Crockett and most of the other Texans lost their lives. Though there is some disagreement, the legendary story of Davy Crockett says that he died fighting until the very end.

⑦ Yes, Crockett did much in his short life. Born into a poor family of farmers and only receiving about 100 days of formal education, he went on to become a famous fighter, a Tennessee politician, a congressman and a national legend.

①1786年8月17日に小さな家で生まれ、1836年3月6日に何千人ものメキシコ兵からアラモを守っていた約200人の部下とともに殺されたデイビー・クロケットは、アメリカの伝説的人物です。彼の人生は故郷である昔のテネシーの森や原野から始まって、連邦議会へと道筋を進ませ、テキサスでの死で終わりを迎えました。

②幼少期のクロケットは、本当に身分が低くてとても貧しく、そしてとても暴力的でした。新たな農地を探し求めている間に、クロケットの祖父母は1777年に東テネシーでインディアンのクリーク族とチェロキー族に殺されました。彼の父ジョンと母レベッカは、家族を育む地を求めて何回か移動しましたが、結局はデイビーが8歳の子どものとき、洪水で家を失ったのです。この災害の後、この強く独立心の強い家族は、ジェファーソン・カウンティーへ再び引っ越し、そこで両親は酒場を営みました。その酒場でウィスキーに酔った旅人たちから、彼はおそらく初めて、彼が後に向かう西部も含んだ、初期アメリカのほかの多くの土地にまつわる話を聞いたのでしょう。

③9人のうちの5番目の子どもだったクロケットは、幼少のころにたった6カ月ほどしか学校に行かず、それどころか両親やほかの農場経営者のために一生懸命働かなくてはなりませんでした。自ら稼いだお金で、彼は馬とライフルを買うことができました。これらは当時、男性が結婚するために必要なものだったのです。そして、クロケットは1806年にポリー・フィンリーと結婚しました。しかし不運なことに、ポリーは1815年に亡くなりましたが、その同年、クロケットは、エリザベス・パットンと再婚しました——彼女は夫を亡くした3児の母でした。2人はやがて、自分たち自身の2人の息子をもうけることになります。

④この当時のクロケットの人生は、波瀾万丈でした。1813年から1814年の間、彼はクリーク族との戦いで義勇兵として戦いました。1821年から1824年まで、彼はテネシー州議会の議員となり、そこで州法を制定するのに協力しました。その後、1827年から1831年、さらにもう一度1833年から1835年まで、彼はワシントンD.C.にあるアメリカ連邦議会の議員となり、国法の制定に協力しました。たった6カ月間しか教育を受けていない彼にとって、これは驚くべきことでした。

⑤1835年、クロケットは再び議会選挙に出馬しましたが、落選しました。政治に失望し、彼は1835年の秋にテキサスへ去り、1836年にテネシーにいる家族宛ての手紙に、この新しい生活の方が気に入っていると記しました。

⑥しかし実際には、クロケットはおそらく刺激と同時に新たなチャンスを求めていたのでしょう。1836年1月14日、テキサス新政府が彼に4605エーカーの土地を提供すると約束した際、彼はテキサスを守る手助けをすると約束して誓いに署名しました。この約束を実行するため、1836年2月6日、クロケットと彼の部下はテキサスのサン・アントニオへ向かい、そこでアラモと呼ばれる古い教会の壁の裏に身を隠し、サンタ・アナ将軍率いるメキシコ軍を待ちました。ですが不運にも、これがクロケットの最後の冒険となりました。2月23日から3月6日まで続いた、約2000人のメキシコ兵たちとの戦いの後、クロケットとほか

のテキサス兵の大多数は命を落としたのです。異なる説はあるものの、デイビー・クロケットの伝説的な物語によると、彼は最後の最後まで戦って死んだとされています。

⑦確かに、クロケットは短い人生の中で多くのことを成し遂げました。貧しい農家に生まれ、正式な教育は約100日間しか受けていないながら、彼は高名な戦士、テネシーの政治家、国会議員となり、そしてアメリカの伝説的人物となったのです。

Comment from Kimutatsu

東大生のイメージってどういうのやろね。勉強ばっかりしてるイメージかな。実際は全然違う。僕にとって東大生は「勉強もできるし○○も▲▲もできる」という幅の広い人たち。皆さんはどんな東大生になりますか？　合格したら、ぜひ教えてほしいな。僕のウェブサイト（https://www.kimu-tatsu.com/）まで、気軽にお越しくださいね。

コラム「Kimutatsu's Cafe」では、
キムタツ先生のお知り合いの先生方に話を伺います。

苦しい時に「自分には英語がある!」と 思える自信をつけよう

長友美紀先生（NAGATOMO, Miki）宮崎県立高鍋高等学校 教頭

「東大リスニング」と聞くと、思い出す生徒がいる。かつての教え子Kは、1年次から授業後の私を引き留めてはとことん質問し、朝の読書時間に英和辞典を読むほどの英語好きだった。辞書の中に面白い表現や目から鱗の説明を見つけると「先生見て!」と目を輝かせて私の所に来た。「好きこそものの上手なれ」の例に漏れず、やがて英語の成績は学年トップに。「この子は理数科だけど典型的な文系人間。いつか文転すると言い出すはず」と思っていた私は、Kから東大理科二類を受験すると聞いた時「数学は大丈夫? 理科は? 文科を受けたら?」などと聞いたが、生来楽天家のKはマイペースで努力を続け、受験の日を迎えた。

初日。英語の次に得意な国語はまずまずの出来。数学は「あまりに分からず、何か書ける所を探してずっとページをめくってました」というお手上げ状態。しかしKは「ま、こんなもんかな。私には英語があるし!」と明るく初日を終えた。

2日目。理科2科目。物理を先に解き始めたが、予想以上に惨憺たる状況で第3問最終問題へ。「この問題にへばりつくか? 今から化学に移るか?」。5分間考えた末、化学に移った。この時間の余裕が功を奏し、化学は最高の出来だった。

待ちに待った英語。ところが、いざ始まると「私には英語がある!」と自分を鼓舞し続けた言葉が、プレッシャーに変わっていた。目は英語の字面を追うばかりで内容が全く頭に入らない。リスニング開始直前までに要約問題と文法問題しか終わっていなかった。Kは「英語がこんなんじゃ、もう無理。お母さん、ごめんなさい」と天を仰いだ。万事休す。とその時、リスニング問題の説明アナウンスが耳に入ってきた。問題集の音声を繰り返し聞いた日々を思い出した。「私には英語がある!」の呪文が不意に力を取り戻した。アナウンスが流れる間に全問題に目を通し、「リスニングはあれだけやったんだ。絶対1回で勝負できる。2回目が流れる時間で和訳と英作文をする!」と決めたら光が見えた。全集中力を傾け1回目を聞いて解答し、2回目の間に英作文と和訳1題を終わらせ後半へ。「シャーペンを置いたのは終了1分前でした」と笑って話すKは、見事、東京大学に合格した。

受験に不可欠な「自信」が足かせとなることもある。けれど、受験という特殊な状況が生み出す泥沼から救い出してくれるのもまた、日々の積み重ねで培った「自信」しかないのだと、Kの合格が教えてくれた。さあ、今日も元気にスイッチオンだ!

Trial Test 8

(A)

これから放送するのは、あるシンポジウムにおける、進行役**Holly McLeod**とパネリスト**Nigel Guerrero**の会話である。これを聞き、(**1**) ～ (**5**) の問いに対して、それぞれ最も適切な答えを一つ選べ。

(1) **What does Nigel Guerrero say about mixed-income housing?**

    a) It is the dominant form of urban living in the U.S.

    b) It often brings crime and violence to rich neighborhoods.

    c) It requires developers to raise the rent in poor neighborhoods.

    d) It works better when applied to an area rather than a building.

    e) It is designed to help poor people find better jobs.

(2) **According to Guerrero, what is the current trend in urban areas?**

    a) Poor and wealthy urban areas are becoming more divided.

    b) The middle class is taking up too much urban space.

    c) More wealthy people are buying land in low-income areas.

    d) Low-income families are leaving urban areas.

    e) The population in most major cities is shrinking.

(3) **How does Guerrero define the idea of "cultural enrichment"?**

    a) There are opportunities for low-income families to attend cultural events.

    b) World-famous brand-name stores open in a neighborhood.

    c) Neighborhoods develop a wide variety of shops and services.

    d) High-income families can spend time in low-income areas.

    e) Government grants establish social clubs in mixed-income areas.

(4) **What does Guerrero believe is a problem that has to be overcome in mixed-income neighborhoods?**

 a) A sudden rise in crime.
 b) A loss of jobs for wealthy residents.
 c) The tendency for all neighborhoods to look the same.
 d) The belief that low-income residents do not work hard.
 e) A general reduction in wages.

(5) **Which of the following is NOT indicated as an advantage of mixed-income neighborhoods?**

 a) They can help correct misconceptions about low-income people.
 b) They make neighborhoods more interesting and diverse.
 c) They prevent the physical separation of rich and poor populations.
 d) They help low-income families escape undesirable living conditions.
 e) They create employment opportunities for people between jobs.

🎧 26

(B)

これから放送するのは、(A)の続きの部分での、**Holly McLeod** と **Nigel Guerrero**、および **Abina Kofi** による討議である。これを聞き、(6) ～ (10) の問いに対して、それぞれ最も適切な答えを一つ選べ。

(6) **What is Abina Kofi's main approach to the problem of urban housing?**

 a) She assists high-income families in finding cheap homes in low-income areas.
 b) She wants to design mixed-income condominium buildings.
 c) She wants to make improvements to low-income neighborhoods.
 d) She helps develop entirely new mixed communities on government-owned land.
 e) She works to convince low-income entrepreneurs to open businesses.

(7) **Kofi says that the danger of attracting low-income families to mixed-income neighborhoods is that**

a) they will lose a feeling of pride in their neighborhood.
b) it does not help the people who remain in low-income areas.
c) low-income residents are often treated poorly.
d) it sometimes splits up families.
e) most high-income earners will eventually move away.

(8) **What do both Guerrero and Kofi seem to agree on about urban housing methods?**

a) There is no proof that mixed-income housing helps.
b) Most government studies are inadequate.
c) Low-income residents have fewer children.
d) City officials tend to choose one method or the other, rarely both.
e) Studies done in the U.K. do not apply to cities in the U.S.

(9) **What does Guerrero say about the study mentioned by Kofi?**

a) This is the first he has heard of it.
b) The researchers who created it were biased.
c) The study does not look into long-term effects.
d) He doubts that the study is real.
e) The study's results are similar to his own research.

(10) **Which of the following is Kofi's belief about traditional urban renewal?**

a) It is less expensive than establishing mixed-income neighborhoods.
b) It creates conflict between wealthy and less-wealthy residents.
c) It benefits children the most.
d) There is no evidence that it actually works.
e) Its main aim is to change infrastructure rather than population.

🎧 27

(C)

これから放送する講義を聞き、(11) ～ (15) の問いに対して、それぞれ最も適切な答えを一つ選べ。

(11) What did Louis Riel do to help change Canada's political structure?

a) Attacked and captured Fort Garry.

b) Put Thomas Scott on trial and executed him, resulting in Riel's own execution.

c) Battled for minority rights.

d) Made the Canadian government realize the fallout of a public revolution.

e) Created the province of Manitoba.

(12) According to the lecture, who are the Métis?

a) Priests trained in Montreal.

b) Lawyers in Canada's prairies.

c) Fur traders living in the Red River Valley.

d) People of mixed European and indigenous heritage.

e) Ancestors of the French in Canada.

(13) What was the purpose of the Hudson's Bay Company?

a) To exploit the fur trade.

b) To sell furs to the Métis.

c) To expand trade in Great Britain.

d) To help set up the Manitoba Act.

e) To settle the West.

(14) Why did the Canadian government hope to set up a new government in the Red River region?

a) The Métis were not interested in the area.
b) They wanted to escape from Great Britain.
c) They wanted to protect it from French settlers.
d) Louis Riel asked them to.
e) Canadian settlements were moving steadily west.

(15) How did the Canadian government react to the rebellion?

a) They wiped out the Métis.
b) They burned down the settlement.
c) They ignored the rebellion.
d) They issued an agreement.
e) They executed Louis Riel soon after.

解き終わったら、次ページからの
解答と解説をチェック！

Trial Test 8
▶解答と解説

(A)

[設問から得られるヒント]

housing や neighborhoods、urban areas などの語句が登場していることから、都市部の住居や区域がテーマになっていると推測できる。また、mixed-income、low-income、high-income といった語から、所得の違いにまつわる話であることも分かる。

[設問ごとのリスニングポイント]

(1) mixed-income housing を待ち構えて聞き、それに対し、Nigel Guerrero がどんなことを言っているか聞き取ろう。

(2) 自分の主張ではなく事実として「現在の状況」を伝えている箇所を注意深く聞こう。

(3) "cultural enrichment" と、「引用」の形で質問文に出てくるので、この表現がそのまま話に登場するはず。それをゲレロがどう説明しているかをしっかり聞き取ろう。

(4) 「克服すべき問題」というからにはネガティブな現状が述べられているはず、と予想しながら聞いてみよう。

(5) 5つの選択肢のうち4つは述べられているはず。全体を聞きながら、話に登場したものを消していこう。

(1) 正解：d)

ナイジェル・ゲレロは混合所得住居についてどんなことを言っているか。

a) アメリカの都市住居の主要な形態である。

b) しばしば富裕区域に犯罪と暴力をもたらす。

c) 開発業者が貧困区域の賃貸料を上げざるを得なくなる。

d) 建物よりも区域に適用した方がうまく機能する。

e) 貧しい人々がよりよい職を見つけられるよう考案されている。

解説

進行役のマクラウドから mixed-income housing（混合所得住居）についての基本的な説明を求められたゲレロは、まず what we're talking about ... are neighborhoods（私たちが論じているのは、区域のこと）と述べている。ゲレロはその後「建物」だけを想定することの問題に触れた後、I prefer to think in terms of mixed neighborhoods, not just buildings.（私としては、単なる建物ではなく、混合地区として考えたいと思う）と述べているので、d) が正解。

(2) 正解：a)

ゲレロによると、都市部の現在の傾向はどのようなものか。

a) 貧しい都市区域と富裕な都市区域の分断が進んでいる。

b) 中間層が都市のスペースを多く占め過ぎている。

c) 低所得エリアの土地を買う裕福な人々が増えている。

d) 低所得世帯が都市部を離れている。

e) ほとんどの大都市の人口が縮小している。

ゲレロの The sad truth about urban areas is that many are becoming more and more segregated. (都市部の悲しい事実として、その多くで分離がどんどん進んでいる) という発言から、a)が答えではないかと予想できる。続きを聞いていくと、都市部について divided into high-income and low-income boroughs (高所得区域と低所得区域に分断されている) と述べており、正解が分かる。

(3) 正解：c)

ゲレロは「文化的豊かさ」の考え方をどう定義しているか。

a) 低所得世帯が文化行事に参加する機会がある。
b) 区域内に世界的に有名なブランド店がオープンする。
c) 各区域が多様な店舗やサービスを発展させる。
d) 高所得世帯が低所得エリアで時間を過ごすことができる。
e) 政府の補助金で混合所得エリアに社交クラブができる。

解説

後半でゲレロが、富裕層側の利点として cultural enrichment を挙げると、マクラウドが説明を求めている。続きを聞いていくと、「高所得エリアは画一的で味気なくなりがち」という話の後、When a neighborhood is mixed, however, the services and shops begin to reflect the needs of its residents. (ところが、区域が混合型であれば、サービスや店舗は住民のニーズを反映し始める)、what it means is they are diverse (それは、多様性があるということ) と述べており、c)が正解だと分かる。

(4) 正解：d)

ゲレロは、混合所得区域において克服すべき問題はどんなことだと考えているか。

a) 犯罪の急増。
b) 裕福な住民の失業。
c) あらゆる区域が同じように見えてしまう傾向。
d) 低所得住民がしっかり働いていないという思い込み。
e) 全体的な賃金低下。

解説

ゲレロの最後の発言の The most common issue is (最もよくある問題は) 以降に注意しよう。「富裕な住民は、富裕でない住民には自分たちと同じような場所に住む資格がないと思っている」という説明の後、Meanwhile, the less-wealthy residents are actually working harder (富裕でない住民たちは、実は富裕層以上に働いている)、this is the kind of bias that we need to correct (これは是正すべき種類の偏見) と続けているので、正解は d)。

(5) 正解：e)

混合所得区域の利点として示されていないものは、次のうちどれか。

a) 低所得者に関する誤った認識を正す上で役立つ（という点）。

b）地域を興味深く多様性のあるものにできる（という点）。
c）富裕層と貧困層の物理的な分離を防ぐ（という点）。
d）低所得世帯が好ましくない生活環境から抜け出すための助けになる（という点）。
e）失業中の人ための雇用機会を生み出す（という点）。

解説

a)は問題（4）の正解につながる部分、およびゲレロの最後の発言の最終文 And mixed living can actually help correct these misunderstandings.（混合居住は、まさにこうした誤解を正すことの役に立つ）で述べられている。b)とc)はそれぞれ（3）と（2）の正解につながる部分、d)は、中ほどで、混合所得区域に貧しい人々が犯罪を持ち込むという認識の誤りを指摘した後 の low-income families are able to leave the problems of low-income areas behind them（低所得世帯は低所得区域の問題を捨て去ることができる）という発言に当てはまる。e)についての言及はどこにもない。

▶スクリプトと訳

(A) 25　Holly McLeod 　Nigel Guerrero

Holly McLeod, Moderator: Well, it looks like we're ready to get started. Hello, everyone, and welcome to the symposium "Visions of Unsegregated Cities." My name is Holly McLeod, and I'll be acting as moderator for this discussion on urban housing. I'm going to turn first to our guest, Nigel Guerrero, who is an urban planner, city housing consultant and the author of *Mixed Blessings*, a book about the often thorny issue of mixed-income housing. Welcome, Nigel.

Nigel Guerrero: **Thank you, Holly.**

McLeod: **Perhaps you can start by giving us a basic understanding of mixed-income housing and its purposes.**

Guerrero: **Certainly. Essentially, what we're talking about, of course, are neighborhoods that contain a mixture of people whose incomes range from rich to poor.**

McLeod: **So, you're not just talking about one building with high- and low-income families in it.**

Guerrero: **Well, those exist. And that is often the image people get when talking about mixed-income housing. Creating buildings with space for both high-end condominiums and low-income rental apartments is possible, but I think the advantages are reduced because the scope is too small. I prefer to think in terms of mixed neighborhoods, not just buildings.**

McLeod: **And what are the advantages of this?**

Guerrero: The sad truth about urban areas is that many are becoming more and more segregated. This is true in almost every major city we look at. The middle class is shrinking, which leaves urban areas divided into high-income and low-income boroughs. As a result, fewer and fewer people are able to make the jump from one living space to the other because the gap is just too large. Mixed-income housing attempts to blur this dividing line.

McLeod: Now, the advantages for the poor seem reasonably clear. But some wealthy homeowners might see it as a disadvantage, to put it mildly.

Guerrero: Well, there is, of course, this false perception that poor people will bring crime with them. In most cases, the opposite is true — low-income families are able to leave the problems of low-income areas behind them and gain the advantages of a high-income area's services and infrastructure. As for benefits to the wealthy, what it really comes down to is cultural enrichment.

McLeod: What do you mean by that?

Guerrero: High-income areas attract rich developers, who in turn bring in the same expensive brand stores, coffee chains and restaurants that you find in every globalized city. The area becomes sterile — a cookie-cutter neighborhood the same as so many others. When a neighborhood is mixed, however, the services and shops begin to reflect the needs of its residents. Neighborhoods like this often get called "funky" or "quirky." But, really, what it means is they are diverse.

McLeod: In practice, though, how do higher-income residents really feel about living with neighbors with lower incomes?

Guerrero: Naturally, that depends on the individual. Are there conflicts? Sometimes. The most common issue is that wealthy residents feel a kind of entitlement. They see buying a condo in a wealthy area as a symbol of their financial success, and there is a feeling that less-wealthy residents somehow don't "deserve" it. Meanwhile, the less-wealthy residents are actually working harder — working longer hours at multiple jobs, which unfortunately pay lower wages. So, this is the kind of bias that we need to correct. And mixed living can actually help correct these misunderstandings.

ホリー・マクラウド、進行役：さて、始める準備ができたようですね。こんにち は、皆さん、シンポジウム「分断のない都市構想」へようこそ。私の名前はホ リー・マクラウド、都市住宅をテーマにしたこのディスカッションの進行役を務 めます。最初にお話を伺うのはゲストのナイジェル・ゲレロさん、都市設計家 で都市住宅コンサルタントであり、論争を呼ぶことも多い混合所得住居問題に 関する本『混じり合う至福』の著者です。

ナイジェル・ゲレロ：ありがとう、ホリーさん。

マクラウド：よろしければ、手始めに混合所得住居とその目的について基本的 なことを教えてください。

ゲレロ：分かりました。基本的に、私たちが論じているのは、当然ながら、所 得が富裕から貧困までの幅のある人々が入り混じって住む区域のことです。

マクラウド：では、単に高所得世帯と低所得世帯が一緒に入っている建物、と いう話ではないのですね。

ゲレロ：まあ、そういうものもあります。そして、混合所得住居というと人々が しばしば思い浮かべるイメージでもあります。高級分譲マンションと低所得者 向け賃貸アパートの両方のスペースを持つ建物を作ることは可能ではあります が、範囲があまりにも小さいために利点が減ってしまうと私は思います。私とし ては、単なる建物ではなく、混合地区として考えたいと思っています。

マクラウド：それで、その利点とは何でしょうか？

ゲレロ：都市部の悲しい事実として、その多くで分離がどんどん進んでいます。 どの大都市に目を向けてもほとんどがそうなっています。中間層が縮小してお り、そのせいで都市部が高所得区域と低所得区域に分断されてしまっています。 結果として、一方の生活域からもう一方へと飛び移ることのできる人がどんど ん減っています、格差が広がり過ぎているからです。混合所得住居は、この分 断線をかすませようと試みるものです。

マクラウド：では、貧困層にとっての利益はかなり明白に思われます。ですが、 一部の富裕な住宅所有者はこれを、控えめに言っても、不利益と見なすかもし れません。

ゲレロ：まあ、貧しい人々が犯罪を持ち込むという、この種の誤った認識も、当 然あります。ほとんどの場合、実際はその逆です——低所得世帯は低所得区域 の問題を捨て去って、高所得区域のサービスやインフラといった利益を得るこ とができるのです。富裕層側の利点としては、突き詰めると、文化的豊かさと いうことになります。

マクラウド：それはどういう意味ですか？

ゲレロ：高所得エリアには富裕型開発業者が寄ってきますが、彼らはその後、ど このグローバル都市でも見かける、同じような高級ブランド店やコーヒーチェー ンやレストランを導入します。エリアは味気なくなります——ほかの多くの街と 同じ、判で押したような区域に。ところが、区域が混合型であれば、サービス や店舗は住民のニーズを反映し始めます。このような区域はしばしば「ファン キー（型にはまらない）」とか「クワーキー（一風変わった）」と称されます。し

かし実際のところそれは、多様性があるということなのです。

マクラウド：ですが、現実的に、所得の低い隣人たちと一緒に住むことを、所得の高い住民たちはどう感じるのでしょう？

ゲレロ：当たり前のことですが、それは人によりけりです。対立はあるのか？時々は。最もよくある問題は、富裕な住民が一種の「資格」を感じていることです。彼らは富裕なエリアのマンション購入を、自分たちの経済的成功の象徴と見なしていて、富裕でない住民にはなぜかその「資格」がないと感じています。ところが、富裕でない住民たちは、実は富裕層以上に働いています――複数の仕事を掛け持ちして長時間働いていますが、それが不運なことに低賃金なのです。つまり、これは是正すべき種類の偏見です。そして、混合居住は、まさにこうした誤解を正すことの役に立つのです。

(B)

新しく Abina Kofi が加わって議論が展開されていること、Guerrero と Kofi は、時にお互いに同意を示しながら意見を述べ合っているらしいことが分かる。

［設問ごとのリスニングポイント］
(6) 問われているのが、シンポジウムのテーマに関わる比較的抽象的な事柄なので、選択肢に目を通した上で、それらしい内容が話されるのを待ちながら聞いてみよう。
(7) danger と attract をキーワードに定め、コフィの考えを聞き取ってみよう。
(8) ゲレロまたはコフィの発言で、相手に同意している箇所があると考えられる。
(9) コフィが何らかの調査を紹介した部分があるはず。それについてのゲレロの発言部分をよく聞こう。
(10) traditional urban renewal がキーワード。これに関するコフィの見解を整理しながら聞き取ろう。

(6) 正解：c)

都市住宅問題へのアビナ・コフィの主な取り組み方はどのようなものか。

a) 高所得世帯が低所得エリアで安価な家を探すことを支援する。
b) 混合所得型マンションの建物を設計したいと思っている。
c) 低所得地区を改善したいと思っている。
d) 政府保有の土地にまったく新しい混合型コミュニティーを開発する手助けをする。
e) 低所得の起業家に事業を開始するよう説得に努める。

解説

マクラウドに自身の考えを尋ねられたコフィは、混合所得エリアに低所得世帯を呼び込むことへの懸念を伝えた後、Those people want to make it better, not leave it.（こうした人たちはそこをよりよくしていきたいのであって、離れたいのではない）と話している。また、討議の最後にも we want to improve services and infrastructure for the existing residents（私たちは現在の住民のためのサービスやインフラを改善したい）と述べており、c) が正解。

(7) 正解：b)

コフィの発言では、低所得世帯を混合所得地区に呼び寄せることの危険性は

a) 自分の地区への誇りを失わせる（という点）。
b) 低所得地域に残る人々への助けにならない（という点）。
c) 低所得住民がひどい扱いを受けることが多い（という点）。
d) 家族を離別させることがある（という点）。
e) 大半の高所得者が結局、引っ越していくことになる（という点）。

解説

コフィは、最初に自分の考えを述べている部分で、The danger is that if we focus on attracting low-income families to mixed-income areas, we can end up forgetting about the people who don't want to move（危険なのは、混合所得エリアに低所得世帯を呼び込むことにばかり注目すると、住まいを移したくない人たちのことを失念することになりかねな

い、ということだ）と述べ、その少し後の部分でも、従来型再開発の代わりに混合所得住居計画を選択すると、low-income areas get left behind（低所得エリアが置き去りにされる）と述べているので、b)が正解。

(8) 正解：d)

都市開発の方法に関してゲレロとコフィの両者が同意していると思われることは何か。

a) 混合所得住居に効果があるとは立証されていない。
b) 政府調査のほとんどは不適切だ。
c) 低所得住民には子どもが少ない。
d) 市当局者は、一方の手法を選ぼうとする傾向があり、両方ということはほとんどない。
e) イギリスで行われた調査はアメリカの都市には当てはまらない。

解説

ゲレロはI'm just going to jump in here to say that I agree 100 percent.（ここでちょっと口を差し挟むと、私も100パーセント同意する）と言って話に加わっており、その直前のコフィの発言に同意しているのが分かる。コフィが話していたのは「従来型再開発の代わりに混合所得住居計画を選択すること」の問題点。ゲレロは同意した後、自分も地方自治体などに助言する際、there is often a feeling that they're asking me which choice they should make（どちらを選択すればいいか尋ねられているように感じられることが多い）と述べている。

(9) 正解：c)

コフィが言及した調査に関して、ゲレロは何と言っているか。

a) その話を聞くのは初めてだ。
b) それを作成した調査関係者には偏向があった。
c) その調査は長期的な効果を調べていない。
d) その調査が本物かどうか怪しいと思う。
e) その調査結果は彼自身の調査と似ている。

解説

議論の後半部分でコフィが A government study that came out recently in the U.K.（最近イギリスで発表された政府調査）を話題にしている。この続きを聞いていくと、ゲレロが反論した後、I think the U.K. study only considered short-term advantages.（イギリスの研究は短期的な利点しか考察していなかったのだと思う）と締めくくっているので、c)が正解。

(10) 正解：e)

従来型都市再開発に関するコフィの考えは、次のうちどれか。

a) 混合所得地区を建設するよりも費用がかからない。
b) 富裕な住民と富裕でない住民の間に対立を生む。
c) 子どもたちに最も恩恵がある。
d) 実際に機能するという証拠はない。
e) その主目的は、住民層を変えることではなくインフラを変えることだ。

解説

マクラウドが最後にthe goal of traditional urban renewal（従来型の都市再開発のゴール）を「混合所得居住と同じようなもの」ではないかと質問すると、コフィがwe want to improve services and infrastructure for the existing residents. That's the real goal.（私たちは現在の住民のためのサービスやインフラを改善したい。それが本来のゴール）と答えていることから、正解が分かる。goalが選択肢e)ではmain aimに言い換えられている。

▶スクリプトと訳

(B) 🎧 26   Holly McLeod   Nigel Guerrero   Abina Kofi

McLeod: Thanks for that explanation, Nigel. We also have with us Abina Kofi, director of the Urban Renewal Center in Chicago. Abina, you look eager to jump in, here.

Abina Kofi: Ha-ha. It's true. There's a lot to discuss. Honestly, though, I'm a great admirer of Mr. Guerrero's work, even though I know we're working with different methods.

McLeod: Well, why don't you open by telling us a little about your thoughts on this topic?

Kofi: Well, we've seen a rise in interest in mixed-income housing over the last few years. But my concern is always that governments are looking at it as a replacement for traditional urban renewal. The danger is that if we focus on attracting low-income families to mixed-income areas, we can end up forgetting about the people who don't want to move. Some people have a lot of pride in the communities they grow up in, even if that neighborhood is poor. Those people want to make it better, not leave it.

McLeod: So you're a little bit skeptical of mixed-income neighborhoods?

Kofi: Not exactly skeptical. In the end, I believe we all want the same thing: a world where receiving a low income doesn't mean you have to live without dignity. I believe that everyone deserves access to safe housing, access to libraries and excellent schools, access to green spaces and playgrounds. But when governments and developers choose a mixed-income housing program over traditional renewal, then low-income areas get left behind. They never become mixed — they just continue to get worse.

Guerrero: I'm just going to jump in here to say that I agree 100 percent. When I'm advising local councils or city-planning committees, there is often a feeling that they're asking me which choice they should make — renewal of low-income areas or establishing attractive low-income housing in wealthy areas. We need both methods.

Kofi: And mixed housing is attractive because urban renewal in low-income areas is sensitive and complicated. It's more prone to the risk of failure. And the thing is — and I'm sorry, Nigel — I just feel that the benefits of mixed-income neighborhoods are still unproven. A government study that came out recently in the U.K. showed surprisingly little advantage to low-income residents in mixed-income areas. It found there was very little social mixing between the wealthy and less-wealthy, and no indication that living in a better neighborhood resulted in better opportunities for the less wealthy.

Guerrero: Yes, I read that one, too. However, I would counter it with two other studies that have shown that the people who benefit most from mixed-income neighborhoods are young people. There are statistics showing that children from low-income families who grow up in a mixed-income neighborhood have higher grades and better career prospects than young people growing up in low-income areas. I think the U.K. study only considered short-term advantages.

Kofi: Hmm. That's interesting. Remind me to get a link to those studies from you later.

McLeod: Abina, before we go to some questions from the audience, isn't the goal of traditional urban renewal similar to mixed-income living — to make low-income neighborhoods attractive to wealthier people, who will bring in business? That's mixing, in a sense.

Kofi: Well, that's a part of it. But more importantly, we want to improve services and infrastructure for the existing residents. That's the real goal.

マクラウド：ご説明ありがとうございました、ナイジェルさん。シカゴ都市再開発センターのアビナ・コフィ所長もお招きしています。アビナさん、そろそろ話に入りたくてうずうずしているご様子ですね。

アビナ・コフィ：ハハハ。その通りです。議論することがたくさんあります。でも正直に言いますと、私はゲレロさんのお仕事を大いに尊敬しています、私たちが異なる手法で取り組んでいるのは確かだとしても。

マクラウド：さて、初めにこの話題に関するお考えを少しお聞かせ願えますか？

コフィ：そうですね、ここ数年、混合所得住居への関心の高まりが見られます。ですが、私が絶えず懸念しているのは、政府がそれを従来型の都市再開発に代わるものと見ている点です。危険なのは、混合所得エリアに低所得世帯を呼び込むことにばかり注目すると、住まいを移したくない人たちのことを失念することになりかねない、ということです。自分の育ったコミュニティーに大きな誇りを抱いている人たちもいるのです、たとえその区域が貧しかろうとも。こうした人たちはそこをよりよくしていきたいのであって、離れたいのではありません。

マクラウド：では、混合所得区域には少々懐疑的ということでしょうか。

コフィ：懐疑的というわけではありません。結局、私たちが目指しているのは同じものだと思います。低所得であることが、尊厳のない生活を強いられることを意味するわけではない世界です。私は、誰もが安全な住居へのアクセス、図書館やレベルの高い学校へのアクセス、緑地や遊び場へのアクセスを持つ資格があると信じています。ところが政府や開発業者が従来型再開発の代わりに混合所得住居計画を選択すると、低所得エリアが置き去りにされてしまいます。彼らが混じり合うことはなく──悪化を続けるばかりです。

ゲレロ：ここでちょっと口を差し挟んで申し上げますと、私も100パーセント同意します。私が地方自治体や都市計画委員会に助言する際にも、どちらを選択すればいいか尋ねられているように感じられることが多いのです──低所得エリアの再開発か、それとも富裕エリアに魅力的な低所得住宅を作るのか、と。どちらの手法も必要です。

コフィ：それに、混合住居が魅力的なのは、低所得エリアの再開発が慎重を要し複雑だからです。失敗のリスクが大きいのです。そして重要な点は──ナイジェルさんには申し訳ないのですが──混合所得区域の利点はまだ立証されていないように、どうも感じられます。最近イギリスで発表された政府調査では、混合所得区域の低所得住民に驚くほど利点が少ないと示されていました。富裕層と非富裕層の社会的交流がほとんどなく、非富裕層にとって、よい区域に住むことがよりよい機会につながる兆候が見られなかったというのです。

ゲレロ：ええ、私もそれは読みました。しかしながら、2つの別の調査を根拠に反論しましょう、そこでは混合所得地区で最も恩恵を受けるのは若者であると示されています。混合所得地区で育った低所得世帯の子どもは、低所得エリアで育った若者よりも高い学年まで進み、よりよいキャリアが見込めることを示す統計データがあります。イギリスの研究は短期的な利点しか考察していなかったのだと思います。

コフィ：うーん。それは興味深いですね。後でその調査のリンクをいただきたいので、お声掛けください。

マクラウド：アビナさん、観客からの質疑へと進む前にお聞きしますが、従来型の都市再開発のゴールも混合所得居住と同じようなものではありませんか――低所得地区を、ビジネスを呼び込んでくれる富裕な人々にとって魅力的なものにするということです。それもある意味、混合ですよね。

コフィ：まあ、一部にはそれもあります。しかしもっと重要なこととして、私たちは現在の住民のためのサービスやインフラを改善したいのです。それが本来のゴールです。

(C)

[設問から得られるヒント]

カナダの過去の政府に関連した話で、Louis Riel という人物が登場するようだ。政府に対する反乱が起きたこともうかがえる。

[設問ごとのリスニングポイント]

(11) change Canada's political structure がそのまま講義に出てくれば聞き取りやすいが、これに似た表現も予想しておきたい。

(12) Métis とは誰か。必ずこの単語の後に説明が続くはずだと予測しよう。

(13) the Hudson's Bay Company という語句をしっかり頭に入れておこう。

(14)「カナダ政府はレッドリバーに新政府を作りたかった」ということが語られる部分に注意して聞こう。

(15) カナダ政府の反乱への対応が問われている。最後の設問なので、おそらく後半で述べられていると予測できる。

(11) 正解：c)

ルイ・リエルは、カナダの政治構造を変えるためにどんなことに手を貸したか。

a) フォートギャリーを攻撃し占領した。

b) トマス・スコットを裁判にかけて処刑し、その結果自分自身も処刑された。

c) 少数民族の権利のために戦った。

d) 民衆による革命の予期せぬ影響をカナダ政府に認識させた。

e) マニトバ州を創設した。

解説

設問と同じ表現が講義に出てくるので、聞き取りは易しい。第1段落に helped change Canada's political structure through his battle for minority rights（少数民族の権利を獲得するための戦いを通じて、カナダの政治構造を変えるのに貢献した）と言われているので、答えは c)。

(12) 正解：d)

メティスとはどのような人たちか。

a) モントリオールで修行した聖職者たち。

b) カナダの牧草地にいる弁護士たち。

c) レッドリバー渓谷に住む毛皮商人たち。

d) ヨーロッパ人と先住民の混血の人々。

e) カナダのフランス人の先祖たち。

解説

第2段落の冒頭で Louis Riel was born a Métis（ルイ・リエルはメティスとして生まれた）と言われたすぐ後に、Métis についての説明が続く。a person of mixed indigenous and European ancestry、つまり先住民とヨーロッパ系人の混血ということなので、d) が正解。Métis という語はほとんどの人になじみがないはず。この話し手ももちろんそう思って、説明を付け加えているわけだ。このような語がテストで出題される場合、リスニングそのものができれば解答できるよう、

平易な言葉による説明が追加されていることが予測できる。それを聞き逃さないようにすればよい。

（13）正解：a）

ハドソン湾会社の目的は何だったか。
a）毛皮交易を活用すること。
b）メティスに毛皮を売ること。
c）英国内の貿易を拡大すること。
d）マニトバ法の制定を助けること。
e）西部に入植すること。

解説

第3段落にヒントがある。the Hudson's Bay Companyという名称自体は聞き取りやすいが、その役割はthe Hudson's Bay Companyの前で説明されてしまっている。こういう場合に漫然と放送を聞いていると大事なポイントを聞き逃してしまう。To help develop Canada's fur trade,と読まれたら、「その目的のために何をするのだろう」と積極的に放送文の展開を追っていこう。そういったリスニングを心がけていれば、聞き逃すことはない。

（14）正解：e）

カナダ政府はなぜレッドリバー地域に新しい政府を作りたいと考えたのか。
a）メティスはその地域に関心がなかった（から）。
b）英国から逃げたかった（から）。
c）それをフランスの入植者から守りたかった（から）。
d）ルイ・リエルが政府にそうするよう頼んだ（から）。
e）カナダの入植地は徐々に西へと移動していたから。

解説

第5段落の初めでThe Canadian government was not really interested in the Red River Valley in and of itself.（カナダ政府はレッドリバー渓谷自体にはそれほど興味がなかった）と述べられており、問われる部分が近づいていることが分かる。少し後にthe Red River region was an essential link in the chain of Canada's expansion west（レッドリバー地域はカナダの西部開拓地へつながる非常に重要な中継地点だった）という説明が続くので、e)が正解。

（15）正解：d）

カナダ政府は反乱にどのように反応したか。
a）メティスを全滅させた。
b）入植地を焼き払った。
c）反乱を無視した。
d）協定を発布した。
e）すぐ後にルイ・リエルを処刑した。

解説

第8段落のThe Canadian government, ... instructed their soldiers to avoid fighting at Red River. Negotiations started, and an agreement called the Manitoba Act was signed.（カナダ政府は……レッドリバーでの戦いを回避するよう兵士に指示した。交渉が開始され、マニトバ法と呼ばれる協定が調印された）という部分から、d)が正解。

▶スクリプトと訳

(C)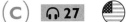

① Canada, as a country, is relatively young in terms of historical standards, but that doesn't necessarily mean it has no history. In fact, it is quite the opposite — because as a newer nation, almost all of Canada's history has been recorded and affords those interested a uniquely thorough view of the nation's past. In Canada's documented history, however, perhaps one of the most talked about figures is Louis Riel, a charismatic leader who helped change Canada's political structure through his battle for minority rights — an issue that is important in Canada's political agenda even today.

② Louis Riel was born a Métis, a person of mixed indigenous and European — primarily French — ancestry, in the Red River Settlement in 1844. After training as a priest in Montreal, he returned to the prairies to work as a lawyer before entering politics. He is best known as the leader of the Red River Rebellion, which started in 1869 and lasted until 1870, a case in which a small group of locals fought against the might of the Canadian government — and won.

③ As most people know, prior to becoming a country, Canada was a British and French colony. To help develop Canada's fur trade, Great Britain appointed the Hudson's Bay Company, a privately owned but British-backed organization. The Company, as it was known, owned vast amounts of land, including the Red River Valley in Canada's vast prairies, but territorial responsibilities were transferred to the Canadian government shortly after Canadian Confederation, which took place in 1867. The government's first order of business was to send a new governor, troops, land surveyors and other officials to the Red River region in order to set up a new government, which included a new and unwelcome township system.

④ In 1869, most residents were of First Nations and/or Métis heritage, along with some European settlers and a few fur traders. The inhabitants of this region feared that the transfer of the valley to the Canadian government would threaten their land rights and their distinctive culture.

⑤ The Canadian government was not really interested in the Red River Valley in and of itself. Instead, the Canadian prime minister, Sir John A. Macdonald, sought to create a nation stretching from the Atlantic to the Pacific, and the Red River region was an essential link in the chain of Canada's expansion west. Regardless of the reason, Riel and his followers opposed any claims the Canadian government tried to make on the land, and the local people decided to act.

⑥ The Red River locals not only prevented the new governor from entering Red River, but they even made him turn back. Naturally, the Canadian government reacted by sending in troops to settle the matter.

⑦ Before the soldiers arrived at Red River, however, the local people sprang into action behind Riel. Their first move was to attack and capture Fort Garry, now present-day Winnipeg. Escalating the tension, Riel next set up his own government as a way of better promoting the rights of his people.

⑧ The Canadian government, now fully aware of the fallout of such a public revolution, instructed their soldiers to avoid fighting at Red River. Negotiations started, and an agreement called the Manitoba Act was signed. This act gave the people of Red River new rights and even their own province. Thus, Manitoba joined the Canadian Confederation.

⑨ Although he became a member of Parliament, Riel was exiled for five years for his role in the trial and execution of Thomas Scott, a man who had opposed Riel's rebellion. As a result, Riel was later arrested, tried and executed. His death made him a hero for minority rights and one of the most continuously talked about figures in Canadian history.

①国としてのカナダは歴史的基準からすると比較的新しいのですが、これは必ずしも歴史がないという意味ではありません。実のところ、まったく逆で——比較的新しい国であるがゆえに、カナダの歴史はほぼすべて記録されており、この国の歴史についての比類なく完全な概観を、興味のある者たちに提供しているのです。しかし、カナダの歴史記録の中でおそらく最も話題に上る人物の1人は、ルイ・リエルでしょう。彼は、少数民族の権利を——これは今日のカナダでも重要な政治的課題です——獲得するための戦いを通じて、カナダの政治構造を変えるのに貢献したカリスマ的指導者です。

②ルイ・リエルは1844年、レッドリバー植民地で、メティス、つまり先住民とヨーロッパ系人——主にフランス系人——を祖先とする混血として生まれました。モントリオールで聖職者としての教育を受けた後、彼は草原地帯に戻り、政界に入る前に弁護士として働きました。彼は、レッドリバー反乱の指導者としてよく知られています。その反乱は、1869年に始まって1870年まで続き、地元の小集団がカナダ政府の権力に立ち向かって戦い、そして勝利したというものです。

③多くの人が知っているように、国になる前のカナダは英国とフランスの植民地でした。カナダの毛皮交易を進展させるため、英国は、個人所有とはいえ英国の国策会社のハドソン湾会社を設立しました。知られているように、ハドソン湾会社はカナダの広い草原地帯にあるレッドリバー渓谷を含む広大な土地を所有しましたが、領土的責任は、1867年の自治領カナダ連邦設立直後からカナダ政府に委ねられました。政府の第1の課題は新しい統治者、軍隊、測量士、その他の役人をレッドリバー地域に派遣することでした。それは新たな歓迎されない郡区制度を包含する新政府を設立するためでした。

④1869年、住民の大半は北米先住民族やメティスの血を引く人々で、加えて多少のヨーロッパ系定住者、少数の毛皮貿易商もいました。この地域の住人は、この渓谷をカナダ政府に譲渡すると自らの土地の権利や特有の文化が脅かされるのではないかと危惧していました。

⑤カナダ政府は、レッドリバー渓谷自体にはそれほど興味がありませんでした。それよりむしろ、カナダ初代首相サー・ジョン・A・マクドナルドは大西洋から太平洋までまたがる国家を作ろうとしており、レッドリバー地域はカナダの西部開拓地へつながる非常に重要な中継地点でした。理由のいかんにかかわらず、リエルと彼の支持者はカナダ政府からの土地の請求にすべて反対し、地元民たちは行動を起こそうと決めました。

⑥レッドリバーの地元住民は、新しい総督がレッドリバーに入れないようにしただけでなく、彼を追い返しました。当然、カナダ政府はこの問題を解決するために軍隊を派遣することで対応しました。

⑦しかし、レッドリバーに兵士が到着する前に、地元住民はリエルを支持して素早く行動を起こしました。彼らの最初の行動はフォートギャリー（現在のウィニペグ）を攻撃し占領することでした。緊張が高まる中、次にリエルは住民の権利を促進する手段として自らの政府を設立しました。

⑧今や、そのような民衆革命がもたらす予期せぬ影響を十分に認識したカナダ政府は、レッドリバーでの戦いを回避するよう兵士に指示しました。交渉が開始され、マニトバ法と呼ばれる協定が調印されました。この法はレッドリバーの人々に新しい権利、さらに独自の州を与えました。このようにして、マニトバは自治領カナダ連邦に加わったのです。

⑨議員になったにもかかわらず、リエルは彼の反乱に反対していたトマス・スコットの裁判と処刑で果たした役割のせいで5年間追放されました。結果として、リエルは後に逮捕され、裁判にかけられ、処刑されました。自らの死によってリエルは少数民族の権利に身を捧げた英雄となり、カナダ史上で最も繰り返し取り上げられる人物の1人となったのです。

 Comment from Kimutatsu

受験前っていろんな不安に襲われると思うんよね。でも「落ちたらどうしよう」なんて考えて結果がよくなるわけでもないんやから、ポジティブな姿勢だけはなくしたらあかんよ。リスニングだって「絶対に聞けるようになる」と信じてやる方が上達する。自分を信じて最後まで頑張ろうよ。絶対に神様は微笑んでくれるから。

コラム「Kimutatsu's Cafe」では、
キムタツ先生のお知り合いの先生方に話を伺います。

「使える英語」を目指せば
聞き、話すことは必然的に含まれてくる

大藪良一先生（OYABU, Ryoichi）久留米大学附設中学校・高等学校 教諭

　私が生徒に常々言っているのは、「君たちは将来仕事で英語が必要になる。だから英会話程度ではなく、仕事で使うということを考えて勉強をしてほしい」ということです。それは数学や理科が好きな生徒に英語を軽視させないためでもあるのですが、英語が使えないことが仕事上大きなハンディキャップになるのは事実なのです。

　以前、私の勤務する学校と関係の深い久留米大学病院長が退任最終講義をされ、そこに勤務校の校長が参加しました。麻酔科の研究で先駆的な結果を残されている優秀な学者でもある院長先生は、講義を終えた後、校長にこう話をされたそうです。「若い頃、日本語で論文を書いていたことが悔やまれる」。

　日本の大学関係者が書いた論文は世界の多くで引用されています。論文は化学、生物学、物理学などいわゆる理系の科目が中心です。ですから、理系の学生といえど論理性の高い本格的な英文を書く必要があるのです。いわんや文系の学生に、英語の母語話者と対等に話を進める力が要求されるのは当然です。

　私の教え子で、東京大学の法学部に入学し、外務省入省を目指して頑張っていた学生がいました。彼は英語の重要性を理解し

ていて、入学後もずっと英語の勉強を続けました。世界を相手にしたいという彼にとっては、英語が使えるのは当たり前のことだったのでしょう。

　また、東大経済学部を卒業した後、外資系の銀行に入行した教え子もいます。彼は東大卒業後すぐに研修でニューヨークに行きました。メガバンクが扱う額は億の単位ですから、よく聞き取れなかったことに対してうっかり"Yes"など言えるはずもありません。ですが、何度も聞き返すようでは仕事にはならない、と言っていました。

　もちろん、この本でリスニングの基礎を学ぼうとしている諸君に、仕事で使えるような英語の能力を今すぐ身に付けてほしいと言っているわけではありません。大切なのは、将来英語を使うことを意識して勉強する、すなわち「よく聞き、よく読み、よく使う」ことです。言葉は、聞くことと話すことを抜きにしては定着しません。たとえ受験勉強であっても、しっかり英語を聞き、そして音読し、英語を道具として使う意識を持つことが大切なのです。

　この一冊をきちんと使い切った時、大きな達成感があることでしょう。そして、正しく訓練していれば、確実に実力は上がっています。頑張ってください。

🎧 28

(A)

これから放送するのは、あるテレビ番組における、**Alex Park**という人物へのインタビューである。これを聞き、(1) ～ (5) の問いに対して、それぞれ最も適切な答えを一つ選べ。

(1) Which of the following is suggested as a reason that myths developed?

  a) People were bored with the false stories.
  b) Myths were easier to understand than science.
  c) People have a basic need to understand things.
  d) Myths developed from legends about real people.
  e) People want to pass on their traditions.

(2) According to Alex Park, Gaia

  a) is the son of Zeus.
  b) is the son of Thor.
  c) is the daughter of Chaos.
  d) is the daughter of the earth.
  e) is the child of the ocean.

(3) Which of the following is NOT mentioned about myths?

  a) They attempt to explain the unknown.
  b) They can be stories of human beings with special powers.
  c) They reflect thoughts about the origins of what ancient people saw and experienced.
  d) They try to answer people's questions about natural phenomena.
  e) They can support today's scientific theories.

(4) **What does Park say about legends?**

    a) They are more common than myths.
    b) They require more imagination.
    c) They are usually based on fictional characters.
    d) They help to promote admirable traits.
    e) Their origins precede those of myths.

(5) **According to Park, Daniel Boone is an example of what?**

    a) A myth.
    b) A legend.
    c) A storyteller.
    d) An American criminal.
    e) A world explorer.

🎧 29

(B)

これから放送するのは、(A)の番組を見た **Steve** と **Helen** が交わす会話である。これを聞き、(6) 〜 (10) の問いに対して、それぞれ最も適切な答えを一つ選べ。

(6) **According to the conversation, what is something that creation myths seem to all have in common?**

    a) They make extensive use of animal imagery.
    b) They see the world as starting out covered with water.
    c) They mention gods.
    d) They are used to explain the beginning of life and the world.
    e) They are used to keep people from knowing right from wrong.

(7) **According to the conversation, how did the Hmong of Southeast Asia make the water go away?**

   a) They made holes in the earth.
   b) They put earth onto a turtle's back.
   c) They prayed to the gods.
   d) They used a spear.
   e) They made trees and other plants.

(8) **Which culture talks about animals being involved in making land?**

   a) That of the Maya.
   b) That of the Japanese.
   c) That of the Iroquois.
   d) That of the Greeks.
   e) That of the Babylonians.

(9) **Which culture says that the sky and land were created at the same time?**

   a) That of the Maya.
   b) That of the Iroquois.
   c) That of the Greeks.
   d) That of the Scandinavians.
   e) That of the Babylonians.

(10) **Which of the following is most of the conversation about?**

   a) How Steve will help Helen with her research paper.
   b) How in the beginning a great flood covered the land.
   c) How different cultures tell us about the creation of the world.
   d) How Helen and Steve agree that myths are all similar.
   e) How the cultures had similar creation myths.

🎧 30

(C)

これから放送する講義を聞き、(11) ～ (15) の問いに対して、それぞれ最も適切な答えを一つ選べ。

(11) **Where does the word "hydrogen" come from?**

    a) It is Greek for "water foaming."
    b) It is Greek for "water forming."
    c) It is Greek for "water and foam."
    d) It is Greek for "water formula."
    e) It is Greek for "formerly water."

(12) **How dense is liquid hydrogen compared to water?**

    a) It is 10 times more dense.
    b) It is a 12th as dense.
    c) It is a 10th less dense.
    d) It is less than a 10th as dense.
    e) It is 75 times less dense.

(13) **According to the lecture, which of the following statements is true about hydrogen on the Earth?**

    a) It is about 12 percent as dense as air.
    b) It is rarely seen on the surface of the Earth.
    c) It makes up 7.5 percent of the entire Earth.
    d) It can be found anywhere on the planet's crust.
    e) It is the least abundant element on Earth.

(14) According to the lecture, which of the following is one method of producing hydrogen?

   a) Exploding gas trapped in the ground.
   b) Causing a reaction between calcium and water.
   c) Mixing ammonia and water.
   d) Refining methanol.
   e) Breaking down artificial fibers.

(15) According to the lecture, which of the following does hydrogen have the potential to do?

   a) Replace gasoline as a transport fuel.
   b) Aid in the manufacture of automobiles.
   c) Take the place of oxygen in fuel cells.
   d) Be a major force in the creation of new metals.
   e) Make farm fertilizer unnecessary.

解き終わったら、次ページからの
解答と解説をチェック！

Trial Test 9
▶解答と解説

[設問から得られるヒント]
神話と伝説がテーマのようである。設問に登場する固有名詞に注意しながら聞こう。
[設問ごとのリスニングポイント]
(1) 神話が発展した理由が問われている。前半部分に注意して聞いてみよう。
(2) ギリシャ神話のガイアを知っていれば正解できるが、Gaia という語の前後で必ず説明されると予測できる。
(3) 5つの選択肢のうち4つは話に登場するはず。選択肢を頭に入れて、出てきたものを消しながら聞いていこう。
(4) パークが伝説について述べている部分を聞き取る。キーワードはもちろん legend。
(5) Daniel Boone はアメリカの有名な開拓者。名前が聞こえるタイミングに集中しよう。

(1) 正解：c)

神話が発展した理由として示唆されているのは、次のうちどれか。
a) 人々が作り話に飽きた。
b) 神話は科学より理解しやすかった。
c) 人々には、物事を理解したいという基本的な欲求がある。
d) 神話は実在の人物についての伝説から発展した。
e) 人々は伝統を伝えたいと思っている。

解説

司会者の最初の発言（導入部分）の主旨が分かれば、答えを選ぶことができるだろう。we need instruction to help us understand our society's expectations of our behavior, and we need explanations of what it means to be a human（私たちは、社会が私たちの行動に期待していることを理解できるような指示を必要とし、また人間であることの意義についての説明を必要としている）という部分に、c)が当てはまる。

(2) 正解：c)

アレックス・パークによると、ガイアは
a) ゼウスの息子である。
b) トールの息子である。
c) カオスの娘である。
d) 大地の娘である。
e) 海の子どもである。

解説

パークの2つ目の発言の前半部分、there was only Chaos, who gave birth to Gaia, or the earth（カオスだけが存在し、カオスが大地の女神ガイアを産んだ）の部分から、Chaos が

Gaiaを産んだことが分かり、続くGaia, in turn, gave birth to the sky, to cover herという部分から女性であることも分かるので、c)が正解。Chaosの英語での正しい発音をしっかり確認しておこう。

(3) 正解：e)

神話について述べられていないのは、次のうちどれか。

a) 未知のものを説明することを意図している。
b) 特別な力を持った人間の物語であり得る。
c) 古代の人々が見たり経験したりしたことの起源についての思考を反映している。
d) 自然現象についての、人々の質問に答えようと試みている。
e) 今日の科学的理論の裏付けになり得る。

解説

選択肢を頭に入れて、神話に関する部分を聞いていこう。a)、b)、d)はパークの最初の発言、c)はパークの2つ目の発言で述べられているが、e)についての言及はない。

(4) 正解：d)

パークは伝説についてどのようなことを言っているか。

a) 神話よりも一般的である。
b) より想像力を必要とする。
c) たいていは架空の人物の話に基づいている。
d) （人の）称賛すべき特性を奨励するのに役立つ。
e) 神話よりも起源が古い。

解説

パークの最後の発言の前半、legends are important, too, because they focus on heroes with admirable qualities — qualities that societies believe are important and worth promoting（伝説は神話と同様に重要です。なぜなら、称賛すべき資質——重要であり奨励する価値があると社会が信じているような資質——を持った英雄たちに焦点を合わせているから）という部分から、d)が選べる。

(5) 正解：b)

パークによると、ダニエル・ブーンは何の例か。

a) 神話。
b) 伝説的人物。
c) 物語作家。
d) アメリカ人の犯罪者。
e) 世界の探検者。

解説

パークの最後の発言にDaniel Booneという人名が登場する。直前のIn the United States,で一呼吸置かれているので、待ち構えていれば聞き取りやすいはずだ。よほど周知の人物でない

限り、通常は人名に続けて同格節か関係代名詞節でその人物の説明が追加される。ここではa real person以降がそれに相当するが、たとえ聞き取れなくても、ロビン・フッドに続き伝説（的人物）の例として話に出てくることから、a)が正解。本人が物語を伝えたとは述べられていないので、c)は不適切。

▶スクリプトと訳

(A) 🎧 28 Sandra Miller 🇺🇸 Alex Park 🇬🇧

Sandra Miller, Host: **The desire to tell and listen to stories is probably about as old as human beings themselves, and it comes from our possibly unique need to use our imagination to enjoy life and to give it meaning. After all, we are thinking animals with various needs — we need entertainment to help us pass the time without boredom, we need instruction to help us understand our society's expectations of our behavior and we need explanations of what it means to be a human. People in all cultures have these needs for stories, or narratives, as they are also called, and two kinds of these that have developed to explain the beliefs we hold are myths and legends.**

Hello, everyone. This is "Evening Talk." I'm your host, Sandra Miller. My guest today is mythologist and writer Alex Park. Welcome to the show, Mr. Park.

Alex Park: **Thank you, Sandra. Myths are stories of gods or human beings with special powers. They live in an unknown time, apart from that of ordinary people, and are involved in activities different from those of ordinary human experience. They have traditionally been important to us because they attempt to explain the unknown. For example, creation myths attempt to explain the origin of the world, while explanatory myths attempt to explain natural processes or events. In other words, before science developed, these narratives contained the answers to people's questions about natural phenomena for which there were no simple explanations.**

Miller: **Could you give us examples of those two types of myths to help us better understand them?**

Park: **As an example of a creation myth, the ancient Greeks believed that in the beginning, before anything else, there was only Chaos, who gave birth to Gaia, or the earth. Gaia, in turn, gave birth to the sky, to cover her, and later to the ocean. Examples of explanatory myths are fairly well-known to us. We've all heard of Zeus, the king of the Greek gods, who used lightning as a weapon.**

Many of us also know of Thor, the Scandinavian god who used his hammer to make thunder.

As you can see, people like the ancient Greeks and ancient Scandinavians must have looked around them and thought about the origins of what they saw and experienced. Doing so, they had the help of their wonderful human imaginations, which drew on what they knew to explain what they didn't.

Miller: What do you say about legends?

Park: Legends, on the other hand, probably require less imagination, because they deal with people and places in more recent times and may be based on the lives of real historical persons. Nonetheless, legends are important, too, because they focus on heroes with admirable qualities — qualities that societies believe are important and worth promoting. In England, for example, Robin Hood was a real person who helped the poor. Though he was probably not liked at all by the ruling classes, and today would be considered a criminal, the poorer English classes very much admired the way he took from the rich to help the needy. In the United States, Daniel Boone, a real person who explored early Kentucky, has become a legendary figure because of his knowledge of the forest and his ability to fight the people who lived there. These were important qualities for many early American settlers because they were often necessary for survival. Thus, many people tried to emulate them.

So the next time you are feeling bored on a train or sleepless in bed, let your imagination take control and ask yourself what the world is and who your heroes are. I think that you'll find yourself entertained and that you will learn something.

サンドラ・ミラー、司会者：話を伝えたい、聞きたいという欲求は人類の歴史と同じくらい昔からあるものでしょう。そしてそれは、人生を楽しみ、人生に意味を持たせるために想像力を使うという、おそらく人間特有の欲求に由来します。つまるところ、私たちはさまざまな欲求を持った考える動物であり——退屈することなく時間をつぶせるような娯楽を必要とし、社会が私たちの行動に期待していることを理解できるような指示を必要とし、また人間であることの意義についての説明を必要としているのです。あらゆる文化に属する人々が、物語とも談話とも呼ばれるものに対してこうした欲求を持っています。そして、これらのうち私たちが持つ信念を説明するために発展してきた2種類のものが、神話と伝説です。

　皆さんこんにちは。「イブニング・トーク」の時間です。司会のサンドラ・ミラーです。本日のゲストは、神話学者で作家のアレックス・パークさんです。番組へようこそ、パークさん。

アレックス・パーク：ありがとうございます。サンドラさん。神話とは、神々または特別な力を持った人間の物語です。彼らは普通の人間とはかけ離れた未知の時代に生き、普通の人間の経験とは異なる活動を行っています。神話は、昔から私たちにとって重要なものであり続けています。なぜなら、神話は未知のものを説明することを意図しているからです。例えば、創世神話は世界の起源を説明しようとし、一方で説明神話は自然の成り立ちや現象について説明しようとしています。言い換えれば、科学が発達する以前、これらの話は、簡単に説明できない自然現象についての、人々の質問への答えを含んでいたのです。

ミラー：私たちがよりきちんと理解できるように、それら2種類の神話の例を挙げていただけますか？

パーク：創世神話の例として、古代ギリシャ人は、すべてのものが存在する以前、カオスだけが存在し、カオスが大地の女神ガイアを産んだと信じていました。ガイアは自分を覆うために、空を、そして後に海を、順に産みました。説明神話の例は、私たちがとてもよく知っているものです。私たちが皆、聞いたことのあるギリシャの神々の主神ゼウスは、武器として稲妻を使いました。また、私たちの多くが知っているスカンジナビアの神トールは、雷を起こすためにハンマーを使いました。

　このように、古代ギリシャ人や古代スカンジナビア人のような人々は、自分たちの周りに目を配り、彼らが見たり経験したりすることの起源について考えました。そうしながら、彼らは人間の持つ素晴らしい想像力の助けを借りて、未知の事柄を説明するために、自分たちの知っていること活用したのです。

ミラー：伝説についてはどうですか？

パーク：伝説はこれに対して、おそらくそれほど想像力を必要としません。というのも、伝説はもっと新しい時代の人々や場所を題材にし、実在する歴史的人物の人生を基にしていることもあるからです。それでもなお、伝説は神話と同様に重要です。なぜなら、称賛すべき資質——重要であり奨励する価値があると社会が信じているような資質——を持った英雄たちに焦点を合わせているから

です。例えば、イングランドでは、ロビン・フッドは貧しい人々を助けた実在の人物だとされています。彼はおそらく、支配階級からはまったく好かれていなかったでしょうし、今日では犯罪者とされるでしょうが、イングランドの貧困階級の人々は、彼が金持ちから金や物を奪って貧しい人々を助けたという点を非常に称賛しました。アメリカでは、昔のケンタッキーを探検した実在の人物ダニエル・ブーンが、彼が持つ森の知識と原住民と戦う能力のおかげで伝説的人物となっています。こうした資質は生き残るのにしばしば必要だったため、初期のアメリカ入植者の多くにとっては重要でした。それゆえに、多くの人々がそうした資質を見習おうとしたのです。

　ですから今度、電車で退屈しているときやベッドで眠れないときには、想像力を使って、世界とは何か、自分の英雄は誰かなどを自身に問い掛けてみてください。いつの間にか楽しい気持ちになって、何かを学べると思いますよ。

(B)

[設問から得られるヒント]
会話のテーマは天地創造の神話のようだ。固有名詞の発音に注意したい。
[設問ごとのリスニングポイント]
(6)　creation myths がキーワード。また、have in common やそれに似た意味の表現にも注意して聞いてみよう。
(7)　the Hmong of Southeast Asia がキーワード。the Hmong は耳慣れない固有名詞なので、何らかの説明が追加されていると予測できる。make the water go away とあるので、水に関連した語句にも注意しよう。
(8)　「動物が大地の創造に関わる文化」を念頭に置いて会話を聞こう。動物名が聞こえてきたら要注意。
(9)　sky and land と at the same time をキーワードに、固有名詞に注意して話の流れを追うこと。
(10)　会話の大半のテーマが問われているので、全体を聞いて判断する必要がある。

(6) 正解：d)

会話によると、創造神話に共通していそうなのはどのようなことか。
a) 動物のイメージを大いに活用している（こと）。
b) 世界が水に覆われた状態で始まると考えている（こと）。
c) 神に言及している（こと）。
d) 生命や世界の始まりを説明するのに使われる（こと）。
e) 人々が善悪を判断できないようにするのに使われる（こと）。

解説

冒頭でスティーブがヘレンに I understand that you're doing a research paper on creation myths.（君は創造神話に関する研究論文を書いていると思うんだけど）と話し掛け、創造神話を話題にしている。続きを聞いていくと、ヘレンが自分の研究について there were many societies that tried to explain the creation of life in general, and our world in particular, in much the same way（広く言えば生命の創造、そして特に私たちの世界の創造について、ほぼ同じように説明しようとしている社会がとても多かった）と述べているので、d)が正解。

(7) 正解：a)

この会話によると、東南アジアのモン族はどのようにして水をよそに追いやったのか。
a) 地面に穴を開けた。
b) カメの背中に土を乗せた。
c) 神々に祈った。
d) やりを使った。
e) 木やそのほかの植物を作った。

解説

半ばあたりのヘレンの発言に Hmong が登場しており、直後に a group of people in

Southeast Asiaという説明が加えられている。その後の部分でthe king of the sky told his people to punch holes in the earth so that the water would drain away（水が流れてなくなるように、空の王が部下に、地面に穴を開けるように言った）と言われており、a)が正解。

(8) 正解：c)

大地の創造に動物が関与していることを伝えているのはどの文化か。

a）マヤ族の文化。
b）日本人の文化。
c）イロコイ族の文化。
d）ギリシャ人の文化。
e）バビロニア人の文化。

解説

スティーブの中ほどの発言のThen there are the Iroquois, a Native American group ... 以降で、動物が大地の創造に関わったという神話について述べられている。swans、birds、turtle、muskratが聞き取れればc)が選べる。a)の神話の動物は、大地の創造には関与していない。

(9) 正解：e)

空と大地が同時に創造されたとしているのはどの文化か。

a）マヤ族の文化。
b）イロコイ族の文化。
c）ギリシャ人の文化。
d）スカンジナビア人の文化。
e）バビロニア人の文化。

解説

聞き取りのために網を張るべきキーワードはsky and landとat the same time。それに類する語句が後半のスティーブの発言中のnot all myths say that the sky and oceans came before the land（すべての神話が空と海が大地よりも先にあったと言っているわけではない）に、sky、ocean、landの3つの要素が現れている。これ以降を注意深く聞く必要がある。Some say that they were created at the same time as the land.（空と海は大地と同時に創られたとする神話もある）と聞いたところで、次に言われることに集中しよう。The ancient Babylonians, for example, ... which became the earth and the sky.（例えば、古代バビロニア人は……それが大地と空になったと言っている）が聞き取れれば、e)が選べる。

(10) 正解：c)

会話の大部分は、次のうちどれについてのものか。

a）スティーブがヘレンの研究論文をどうやって手伝うか。
b）最初に大洪水が大地をどのようにして覆ったか。
c）異なる文化が、世界の創造をどのように私たちに伝えているか。
d）神話がどれも類似していることについて、ヘレンとスティーブがどのように合意しているか。

e）複数の文化が、類似した創造神話をどのようにして持ったか。

解説

会話の初めの方でスティーブが Do you compare the myths of different cultures?（異なる文化の神話を比較しているの？）と尋ね、それ以降はほぼ最後まで、創造神話の異文化間比較が話題になっているので、c) が正解。「ほぼ同じように説明しようとしている社会が多い」というヘレンの発言もあるが、スティーブが異なる例を挙げている箇所があり、また会話の大部分では2人とも神話の内容の多様さに言葉を割いているので、d) と e) は不適切。

▶スクリプトと訳

 (B) 🎧 29 Steve 🇺🇸 Helen 🇬🇧

Steve: Helen, I understand that you're doing a research paper on creation myths.

Helen: Yes. And it's turning out to be quite interesting.

Steve: Do you compare the myths of different cultures?

Helen: That's the goal. Actually, there were many societies that tried to explain the creation of life in general, and our world in particular, in much the same way, but they went about it in different directions.

Steve: What do you mean?

Helen: Well, for one thing, the myths of a lot of cultures insist that, in the beginning, there was no land but only water and sky. Although the Bible says the great flood covered the land that had already been created, apparently many other cultures say the land was not there in the beginning.

Steve: That's right. Japanese mythology talks about Izanagi and Izanami, who, together, with a spear, created the first land in the sea.

Helen: And the Hmong, a group of people in Southeast Asia, say that, in the beginning, the ocean covered the whole world and that the king of the sky told his people to punch holes in the earth so that the water would drain away. Eventually, according to the myth, when the water was gone, there were only two people left, a brother and sister, who got married and had children, who became the Hmong.

Steve: Then there are the Iroquois, a Native American group originally from what is now New York state, who say that the first people were the "sky people," who lived above a vast ocean. They believe that one day a chief's daughter fell through a hole in the sky, but she was caught by two swans because they didn't want her to drown. It's kind of complicated, but these two birds put her on the back of a giant turtle that was in the ocean. Later, another animal — I think it was a muskrat — put earth onto the turtle's back and the earth grew and grew into the land that it is today.

Helen: And there are the Maya in Central America and southern Mexico. According to their holy book, the Popol Vuh, you know, their Bible, there was only the sky and the sea in the beginning. The gods lived in the sky and wanted somebody to praise them, so they said, "Earth," and land was created from the sea. Then they made trees and other plants and, next, animals. However, the animals could not speak, so the gods made people, who showed their respect by praying to the gods.

Steve: But, you know, Helen, not all myths say that the sky and oceans came before the land. Some say that they were created at the same time as the land. The ancient Babylonians, for example, say that the god Marduk killed a monster and cut it into two halves, which became the earth and the sky.

Helen: Hey. Maybe we should write the research paper together!

Steve: I don't think so. You seem to know enough to be able to do it on your own.

Helen: And you seem to know enough to be able to help me.

スティーブ：ヘレン。君は創造神話に関する研究論文を書いていると思うんだけど。
ヘレン：ええ。それがかなり面白くなってきているの。
スティーブ：異なる文化の神話を比較しているの？
ヘレン：それが論文の目的ね。実際、広く言えば生命の創造、そして特に私たちの世界の創造について、ほぼ同じように説明しようとしている社会がとても多かったんだけど、その方向性がいろいろなの。
スティーブ：どういう意味？
ヘレン：ええと、一例を挙げるとね、多くの文化で神話は、初めは大地がなくて水と空だけだったと断言しているの。聖書では大洪水がすでに創造されていた大地を覆ったとしているけれど、どうやらほかの多くの文化では大地は最初から無かったと言っているらしいの。
スティーブ：その通りだね。日本の神話では、イザナギとイザナミが一緒に、矛を使って海の中から最初の大地を創造したとしている。
ヘレン：そして、東南アジアの民族であるモン族によると、初めは海が全世界を覆っていたけれど、水が流れてなくなるように、空の王が部下に、地面に穴を開けるように言ったの。その神話によると、最終的には水がなくなって、兄と妹の2人の人間が残り、彼らは結婚して、後にモン族となる子どもをもうけたとしているわ。

スティーブ：それから、イロコイ族がいるね。彼らはもともと現在のニューヨーク州がある地域出身のネイティブアメリカンたちで、彼らの祖先は広大な海の上に住んでいた「空の人」だと言っているんだ。彼らは、ある日、酋長の娘が空の穴から落ちたのだけれど、2羽の白鳥が彼女をおぼれさせたくなかったために捕まえたと信じている。少し分かりにくいのだけれど、この2羽の鳥は海にいた巨大なカメの背中に彼女を乗せたんだ。後に、確かマスクラットだったと思うけど、別の動物がそのカメの背中に土を盛って、その土が育って今日の大地になったと言われているよ。

ヘレン：あと、中央アメリカとメキシコ南部のマヤ族がいるわね。彼らの『ポポル・ヴフ』という神聖な本、つまり彼らにとっての『聖書』によると、初めは空と海しか存在しなかったの。神々は空に住み、自分たちをあがめてくれる誰かが欲しかったので、彼らが「大地」と言うと、大地が海から創られたの。それから、神々は木やそのほかの植物、その次に動物を創造したのね。でも、動物は話すことができなかったので、神々は祈ることで彼らに敬意を示す人間を創ったわけ。

スティーブ：でもね、ヘレン、すべての神話が空と海が大地よりも先にあったと言っているわけではないんだ。空と海は大地と同時に創られたとする神話もあるよ。例えば、古代バビロニア人はマルドゥーク神が怪物を殺して2等分に切り、それが大地と空になったと言っている。

ヘレン：ねえ。私たち一緒に研究論文を書くべきかもね！

スティーブ：そうは思わないな。君は自分1人で書けるだけの知識があるもの。

ヘレン：じゃあ、あなたは私を手伝ってくれるのに十分なくらいの知識があるってことよ。

(C)

[設問から得られるヒント]
水素がテーマで、hydrogen という語の由来、その性質、利用価値などが話に登場するようだ。

[設問ごとのリスニングポイント]
(11) hydrogen の名前の由来が問われている。foam と form の聞き分けがポイントかもしれない。
(12) 液体水素は水と比べるとどんな密度なのかが問われている。数字の聞き取りに集中しよう。
(13) 予備知識で正解を選ぶことができるかもしれないが、講義で言及されているかどうかを確認しよう。
(14) method や produce がキーワード。ただし別の語で言い換えられている可能性もある。
(15) 水素の可能性、すなわち今後の活用法について問われている。gasoline、manufacture、oxygen、metal、fertilizer などを頭に入れて聞こう。

(11) 正解：b)

水素という言葉は何に由来するか。

a) 「水の泡立ち」を表すギリシャ語である。
b) 「水の形成」を表すギリシャ語である。
c) 「水と泡」を表すギリシャ語である。
d) 「水の式」を表すギリシャ語である。
e) 「以前は水」を表すギリシャ語である。

解説

第2段落第2文でHydrogen, derived from the Greek word for "water forming,"（「水の形成」を表すギリシャ語に由来する水素）と述べられている。derived fromを聞き逃しても問題を解くことには影響しないので、落ち着いて続きを聞こう。「フォーミング」がforming か foaming なのかの聞き取りが難しくても、意味の違いが分かれば、文脈からもある程度は推測できるだろう。

(12) 正解：d)

液体水素の密度は、水との比較ではどうなるか。

a) 10倍の密度である。
b) 12分の1の密度である。
c) 10分の1だけ低い密度である。
d) 10分の1未満の密度である。
e) 75分の1の密度である。

解説

第2段落後半のMoreover, hydrogen gas has a very low density — it is less than one-twelfth, or 8.3 percent, as dense as the air we breathe.の部分で数字が登場し始めるが、これは設問の内容とは異なり、hydrogen gas（気体の水素）とthe air（空気）の密度比較である。しかし、答えに当たる箇所が近づいたことは予想できる。This property carries over to hydrogen's liquid form, too, where it is less than a 10th as dense as water.（この特性は、水素が液状になっても変わらず、その密度は水の10分の1未満）を聞き取れれば、d)が選べる。a 12th（12分の1）、a 10th（10分の1）などに関し、聞いてすぐに分かるようにしておこう。

（13）正解：b）

講義によると、地球上の水素に関し、正しいものは次のうちどれか。
a）空気の12%の密度である。
b）地表ではめったに見られない。
c）地球全体の7.5%を占める。
d）地殻上のどこにでも見つけることができる。
e）地球上で最も希少な元素である。

解説

第4段落冒頭文のit is rarely found on the Earth's surface（地表ではめったに見つけることができない）の部分から正解が分かる。rarely（めったに〜ない）がreally（本当に）に聞こえてしまった人がいるかもしれないが、最初の母音が違う上に、直前のAlthough hydrogen is literally universal,（水素は実際に、至るところに存在しますが）という部分と文脈上合わなくなるため、reallyではないと判断できる。

（14）正解：b）

講義によると、水素を作る方法の一つであるのは、次のうちどれか。
a）地中にたまっているガスを爆発させる。
b）カルシウムと水で反応を起こす。
c）アンモニアと水を混ぜる
d）メタノールを精製する。
e）人工繊維を分解する。

解説

「講義で述べられている方法」を選ぶ必要があることに注意。第5段落で「水素はさまざまな方法で製造できる」と伝えた後、One such method uses calcium and water.（そのような方法の1つはカルシウムと水を使ったもの）と言っているので、ここでほぼb)が選べる。続くWhen calcium mixes with water, it creates a reaction that produces hydrogen gas.（カルシウムが水と混ざると、水素ガスを発生する反応が起こる）から、正解が確信できる。

（15）正解：a）

講義によると、水素にできる可能性があるのは次のうちどれか。
a）ガソリンに代わる輸送用燃料になること。
b）自動車の製造を手助けすること。
c）燃料電池の酸素の代わりをすること。
d）新しい金属を作る際の主要な力になること。
e）農業用肥料を不要にすること。

解説

予備知識から答えられるかもしれないが、しっかり聞き取ろう。第7段落の最後のthe basic idea behind hydrogen fuel cells, which some say could replace gasoline as the transport fuel of the future.（一部の人たちが将来的にガソリンに代わる輸送用燃料になり得ると言っている水素燃料電池の根拠となる基本的な考え方）から、a)が正解。

▶ スクリプトと訳

① The world is a large place. It is so large, in fact, that we often fail to realize that our planet and all that's on it, in it and around it actually consists of tiny entities. Sometimes these entities are very complex, but more often they are not. Why is this so? Because one such simple entity is the main building block of life, of the Earth and even of the entire universe. What is this simple thing, you ask? The answer is simple, too: hydrogen.

② Even the scientific symbol for hydrogen is uncomplicated: the single letter "H." Hydrogen, derived from the Greek word for "water forming," is the simplest, tiniest, lightest and also the most abundant element in the known universe. As a gas, it is colorless and has neither taste nor smell. Moreover, hydrogen gas has a very low density — it is less than one-twelfth, or 8.3 percent, as dense as the air we breathe. This property carries over to hydrogen's liquid form, too, where it is less than a 10th as dense as water.

③ So just exactly how much hydrogen is there? Incredibly, the universe is 75 percent hydrogen. It helps make the stars, the sun, the small gas particles that float in the darkness of space and, perhaps most importantly, us human beings. Hydrogen's abundance is because of its simple atomic structure — it is composed of a single atom, and such simplicity can find a home anywhere in the universe.

④ Although hydrogen is literally universal, it is rarely found on the Earth's surface — in fact, it only makes up 0.75 percent of the entire Earth we live on. Because hydrogen is so simple and very light, it rises in the air and escapes into space through the Earth's atmosphere. Therefore, the only pure hydrogen that exists on Earth is the hydrogen gas trapped underneath our planet's crust.

⑤ However, hydrogen does exist in many compounds, and it can therefore be manufactured using various methods. One such method uses calcium and water. When calcium mixes with water, it creates a reaction that produces

235

hydrogen gas.

⑥ So what does this all mean for us? Well, hydrogen has advantages that can prove beneficial to our society, but hydrogen can be dangerous, too. In its gaseous form, hydrogen can easily catch fire, and sometimes even explode.

⑦ Looking at the advantages, once manufactured, hydrogen has many uses. It is used to make ammonia, which in turn is made into fertilizer or even employed to refine metals. Manufacturers of hydrogen sometimes use it to make methanol, which is then used to make artificial fibers. Recently, people have been realizing the potential uses of hydrogen as a fuel and have been trying to find ways of using its explosive power — the basic idea behind hydrogen fuel cells, which some say could replace gasoline as the transport fuel of the future.

⑧ In contrast, most people are aware of hydrogen's dangers. Hydrogen bombs pack a devastating punch, and if used, a single explosion could kill thousands or even millions of people. As human beings, we must be careful when experimenting with nature's simplest element, because the results may be dreadful.

①世界は広大です。実のところ、広大であるがゆえに、私たちはこの惑星とその上、中、周りにあるすべてのものが実はごく小さな存在物で構成されているということを、しばしば忘れてしまいます。これらの存在物が非常に複雑なこともありますが、たいていはそうではありません。それはなぜでしょうか。そのような一つの単純な存在物が、生命や地球、さらに宇宙全体を作り上げる主要な基礎要素だからです。ではこの単純な存在物とは何でしょうか。その答えも単純です。それは水素です。

②水素の化学記号でさえも単純で、「H」1文字です。「水の形成」を表すギリシャ語に由来する水素は、既知の宇宙において最も単純で小さくて軽く、最も豊富に存在する元素でもあります。気体の状態では無色であり、味もにおいもありません。さらに、水素ガスは非常に低密度——私たちが吸っている空気の12分の1未満、つまり8.3%の密度です。この特性は、水素が液状になっても変わらず、その密度は水の10分の1未満です。

③では、ずばりどれくらいの水素がそこには存在するのでしょうか。驚いたことに、宇宙の75%は水素でできています。水素は星、太陽、宇宙空間の暗黒部を浮遊する小さな気体粒子、さらにおそらく最も重要なことに、私たち人間を作るのに一役買っているのです。水素の大量さは、単一原子から成る単純な原子構造に起因しています。そして、単純であるゆえに、宇宙のどこででも存在できるのです。

④水素は実際に、至るところに存在しますが、地表ではめったに見つけること

ができません。現に、それは私たちが住む地球全体のたった0.75％しか占めていないのです。水素が非常に単純な構造で軽いため、上空に昇り大気圏を通り抜けて宇宙に流出するからです。そういうわけで、地球上に存在する唯一の純粋な水素は、地殻の下にたまっている水素ガスです。

⑤しかし、水素は多くの化合物の中に存在するため、さまざまな方法で製造できます。そのような方法の1つはカルシウムと水を使ったものです。カルシウムが水と混ざると、水素ガスを発生する反応が起こります。

⑥では、こうしたことは私たちにとっていったいどのような意味を持つのでしょうか。まあ、水素というものは、私たちの社会に有効であると立証されうるメリットを持っていますが、同時に水素は危険にもなり得ます。気体の状態で、水素は燃えやすく、爆発することさえあり得るのです。

⑦メリットに目を向けてみると、いったん製造された水素には、用途がたくさんあります。アンモニアを作るのに使われ、続いてそのアンモニアは、化学肥料になったり、金属を精錬するのに用いられたりもします。水素製造会社は水素を使ってメタノールを作ることがあり、そのメタノールはその後、人工繊維を作るのに使われます。最近では水素を燃料として利用する可能性に着目し始める人々がいて、水素の爆発力を動力源に利用する方法を見つけ出そうとしています。それは、一部の人たちが将来的にガソリンに代わる輸送用燃料になり得ると言っている水素燃料電池の根拠となる基本的な考え方です。

⑧それとは対照的に、多くの人が水素の持つ危険性を認識しています。水素爆弾には破壊的な力が詰まっており、もし使用されれば、1回の爆発で何千人もしくは何百万人もの人々の命を奪うことも可能なのです。人間として、私たちは自然界で最も単純なこの元素を扱う実験の際には気を付けなければなりません。なぜなら、非常に恐ろしい結果となりかねないからです。

Comment from Kimutatsu

この本も後半に入り、「東大より難しいんちゃうか?」という問題も時々あるけど、最後まで頑張って。東大生になった自分をイメージしてモチベーションを保とう。具体的にイメージできた人はきっと合格する。自分に負けそうになったときには、僕のコメントやKimutatsu's Cafeを読んで闘魂を蘇らせてほしいな。

(A)

これから放送するのは、ある授業での、**Jolly**教授による**Peter Heaney**博士へのインタビューである。これを聞き、(**1**)～(**5**)の問いに対して、それぞれ最も適切な答えを一つ選べ。

(1) **Which of the following best describes Peter Heaney's main idea?**

a) Most ancestors of Native Americans came from Australia and the Pacific region.

b) Scientists have different views on the origin of Native Americans.

c) The ancestors of Native Americans most likely came from Siberia following the coastlines.

d) Native Americans are in dispute with scientists over certain origin theories.

e) People from Siberia built the Bering land bridge.

(2) **Why do some scientists believe the earliest migration into North America was 12,000 years ago?**

a) The Bering land bridge existed only then.

b) An ice-free passage at that time would have allowed the migrants to travel through Alaska and Canada.

c) The migrants had the skills at that time to cross over from Siberia in skin boats.

d) The migrants were able to hunt large animals for food.

e) There is no evidence of humans in South America at that time.

(3) **Which of the following is the earliest date given for human settlements in the Americas?**

　　a) About 15,000 years ago.
　　b) About 17, 000 years ago.
　　c) About 26,000 years ago.
　　d) About 37,000 years ago.
　　e) About 50,000 years ago.

(4) **What is one belief that some archaeologists have about late-arriving migrants from Siberia?**

　　a) They displaced settlers who had arrived from Oceania before them.
　　b) They used the Bering land bridge just a few thousand years ago.
　　c) They sailed to the Americas via the Australian coastline.
　　d) They disappeared within a few thousand years.
　　e) They also settled on various Pacific islands.

(5) **According to Heaney, where do many of the descendants of the second wave of migrants live?**

　　a) In Alaska.
　　b) In Greenland.
　　c) In the southwestern U.S.
　　d) In South America.
　　e) In Mexico.

🎧 32

(B)

これから放送するのは、**Jolly** 教授と生徒の **Alice** および **Ken** による、（**A**）と内容的に関連した会話である。これを聞き、（**6**）〜（**10**）の問いに対して、それぞれ最も適切な答えを一つ選べ。

(6) **In the conversation, which of the following is NOT said, directly or indirectly?**

　　a) Some Native Americans do not accept scientific explanations for their origins.

b) Some Native Americans believe that migrations from Asia are the only explanation for their origins.

c) Some Native Americans accept scientific explanations for their origins as well as their own legends.

d) Some Native Americans reject the idea that their origins can be traced to a migration from Asia.

e) Some Native Americans believe the land bridge migration theory is unsupported by evidence.

(7) **What can it be assumed that Jolly believes?**

a) Native Americans walked across a land bridge from Asia.

b) Scientists do not always agree.

c) Story and history are the same.

d) The Bible contains true stories.

e) Native American origin stories are laughable.

(8) **What comparison does Jolly make to explain Native American belief in the origin stories of their own cultures?**

a) She compares it to accepting scientific truths.

b) She compares it to modern belief in science.

c) She compares it to believing in the Bible.

d) She compares it to borrowing from another culture.

e) She compares it to distinguishing between different sciences.

(9) **Which of the following is supported by information in the conversation?**

a) Some Native Americans believe that their origins can be a political issue.

b) Some Native Americans believe that their beliefs are primitive.

c) Some Native Americans believe that Columbus did not arrive in America.

d) Some Native Americans believe that the ancestors of the Hopi lived in the sky.

e) Some Native Americans believe that their culture is dying out.

(10) **What does Ken most likely mean by "everybody" in his final words?**

a) Native Americans.
b) Scientists.
c) Native Americans and scientists.
d) Jolly and the students.
e) All American citizens.

🎧 33

(C)

これから放送する講義を聞き、(11) ～ (15) の問いに対して、それぞれ最も適切な答えを一つ選べ。

(11) **What is the purpose of the three theories described in the lecture?**

a) To explain that syntax and morphology developed naturally.
b) To explain that language is very old.
c) To explain how people made up language.
d) To explain the possible relationship between behavior and sounds.
e) To explain how people communicated before they had language.

(12) **According to the lecture, which of the following examples best represents the bow-wow theory?**

a) Prehistoric human beings saw rabbits and thought, "Rabbits jump."
b) Ancient people shook their heads, saying, "No," and later just said, "No," without shaking their heads.
c) People long ago made a word meaning "river" based on the sound they thought a river made.
d) Early humans made gestures with sounds when they taught something to children.
e) People developed a sign language that they replaced with sounds.

(13) **According to the lecture, what do scholars say about early written languages?**

   a) They were written using pictures.
   b) They were developing very rapidly.
   c) They were rather simplistic.
   d) They were very well-developed.
   e) They had few speakers.

(14) **Which of the following statements best describes what the lecturer says about morphemes?**

   a) All morphemes can be words.
   b) All morphemes are meaningful.
   c) Most morphemes can be analytical.
   d) Some morphemes are common to different languages.
   e) Many morphemes are silent.

(15) **Which of the following ideas best matches the final part of the lecture?**

   a) Few linguists agree about language change.
   b) When people speak a language, they make up the grammar.
   c) Language evolution involves syntax more than morphology.
   d) Language changes together with cultural communities.
   e) When languages stop evolving, they die out.

解き終わったら、次ページからの
解答と解説をチェック！

Trial Test 10
▶解答と解説

[設問から得られるヒント]
ネイティブアメリカンのルーツがテーマになっているようだ。
[設問ごとのリスニングポイント]
(1) 主張の要点は全体から判断することになるが、初めに話されることも多い。
(2) 12,000という数字をしっかり頭に入れて放送文を聞くこと。
(3) settlements をキーワードに、話の流れを追いながら聞いていこう。
(4) archaeologists や migrants from Siberia がキーワードになりそうだ。これらを待ち構えて聞こう。
(5) 第2波の移住でやって来た人々がどこに住んでいるかが問われている。第1波から順に解説されるはずなので、登場するタイミングは聞きながらある程度予測できる。

(1) 正解：b)

ピーター・ヒーニーの主な考えを最も適切に説明しているのは、次のうちどれか。
a) ネイティブアメリカンの祖先の大半は、オーストラリアや太平洋地域から来た。
b) 科学者たちは、ネイティブアメリカンの起源に関して、さまざまな見解を持っている。
c) ネイティブアメリカンの祖先は、シベリアから海岸線づたいに来た可能性が最も高い。
d) ネイティブアメリカンは、ある種の起源理論をめぐって科学者たちと論争している。
e) シベリアから来た人々が、ベーリング・ランドブリッジを造った。

解説

ヒーニーの前半部分の発言から判断できる。Moreover, certain anthropologists ... about 12,000 years ago（さらに、一部の人類学者は……約1万2000年前に）、other scientists do not accept that such a 12,000-year-ago crossing ...（ほかの科学者たちは、そのような1万2000年前の渡来が……ということを受け入れていない）といった複数の説を紹介する流れを聞き取ろう。つまりネイティブアメリカンのルーツには諸説あるということで、その後もそうした主旨の話が続くので、b)が正解。

(2) 正解：b)

一部の科学者たちが北米大陸への最初の移住は1万2000年前だと考えているのはなぜか。
a) ベーリング・ランドブリッジはその時期のみ存在した（から）。
b) 当時、氷のない道のおかげで、移住民がアラスカやカナダを移動できた（から）。
c) 当時、移住民は皮製の船でシベリアから渡ってくる技術を持っていた（から）。
d) 移住民は食料として大型動物を狩猟することができた（から）。
e) 当時、南アメリカに人間がいた証拠がない（から）。

解説

12,000という数字が聞こえたら神経を集中させよう。前半のヒーニーの発言で、12,000 years

ago, に続く関係副詞 when 以下に、a newly ice-free inland route allowed them to travel through Alaska and Canada（[その時期に]新たに氷のない内陸ルートが開かれ、ネイティブアメリカンがそこを通ってアラスカやカナダに行くことができた）という説明が続いていることから、b)が正解。

(3) 正解：e)

アメリカ両大陸に人間が定住した最初期として挙げられているのは、次のうちどれか。

a) 約1万5000年前。
b) 約1万7000年前。
c) 約2万6000年前。
d) 約3万7000年前。
e) 約5万年前。

解説

放送文を聞きながら数字をメモしておこう。一番古い年代として、中ほどに50,000という数字が登場し、even earlier settlements of people in the Americas from about 50,000 years ago（さらに以前の、約5万年前からアメリカ両大陸に定住者がいた）と言われているので、e)が正解。普段から、英語を読むときにも、数字を目で見て理解するだけでなく、頭の中で正しく音読してみる習慣を付けよう。

(4) 正解：a)

一部の考古学者は、シベリアから遅れて到着した移住民についてどんなことを考えているか。

a) 自分たちよりも前にオセアニアから来ていた定住者たちに取って代わった。
b) ベーリング・ランドブリッジをほんの数千年前に使った。
c) オーストラリアの海岸線づたいに、船で南北アメリカまで来た。
d) 数千年のうちに消滅した。
e) さまざまな太平洋の島にも定住した。

解説

考古学者の説の紹介は、インタビューの中ほどから後半にかけてのヒーニーの発言に登場する。These archaeologists believe that migrants from Siberia arrived later, and their arrival resulted in the disappearance of these earlier travelers who had arrived from Oceania.（これらの考古学者は、シベリアからの移住民が後に入ってきて、彼らの到着が結果として、オセアニアから先に到着していた移住民の消滅を招いたと考えている）と述べられているので、a)が正解。

(5) 正解：c)

ヒーニーによると、2番目の移住期に移住した人々の子孫の多くはどこに住んでいるか。

a) アラスカに。
b) グリーンランドに。
c) 合衆国の南西部に。

d）南アメリカに。
e）メキシコに。

解説

secondという語を待ち構えよう。ヒーニーの最後の発言中、The second migration is believed ... 以降の聞き取りに集中すること。who now live in the southwest of the U.S.（現在、合衆国の南西部に居住している）の部分で答えが分かる。

▶スクリプトと訳

(A)   Prof. Jolly Dr. Peter Heaney

Prof. Jolly: With us today is the renowned anthropologist Peter Heaney. He's published several books on Native Americans. Welcome to our class, Dr. Heaney.

Dr. Peter Heaney: Thanks. Hello, everyone.

Jolly: You've written that some scientists believe the ancestors of most Native Americans migrated from Asia between 17,000 and 11,000 years ago across the Bering land bridge, which then connected Siberia and Alaska.

Heaney: Yes. It is understood that the land bridge existed due to lower ocean levels during the last ice age, which lasted from 26,000 to 11,000 years ago. Moreover, certain anthropologists — scientists who study the origin of human cultures — believe in particular that these first Americans crossed the Bering Strait about 12,000 years ago, when a newly ice-free inland route allowed them to travel through Alaska and Canada, spreading out later into other parts of North America and, eventually, South America. Interestingly, though, there is increasing evidence of people living in South America about 11,500 years ago or even much, much earlier. Since the great distance from Alaska to South America would have made it almost impossible to arrive there so soon afterward, other scientists do not accept that such a 12,000-year-ago crossing from Siberia is the earliest source of people moving into the New World. Because of this evidence, these scientists have suggested two possibilities.

Jolly: And what are those possibilities?

Heaney: The first possibility is that people passing through Siberia crossed over to North America many thousands of years earlier than generally believed, even when the inland route was still covered with ice. It is maintained that these migrants came by sea, using skin boats, and they followed the coastlines of

Siberia, the Bering land bridge, and finally North America. Other scientists, however, disagree with this idea. They claim that, at the time, these Stone Age people did not have the necessary seagoing skills to make such a long, hard and dangerous journey through seas that could often be stormy, or even violent.

The second possibility that has been suggested is that some ancient people migrated from Siberia to the Americas during a previous ice age, perhaps 37,000 years ago, when the Bering land bridge may have also existed. Apparently, according to evidence from South America, this is a possibility. However, some archaeologists, specialists in past human life and culture, point out that this does not explain the even earlier settlements of people in the Americas from about 50,000 years ago, in particular along the western coastlines.

In response to this earlier date, a much-debated idea is that even earlier people migrated from the Pacific region to the New World either by sailing directly across the ocean or by following coastlines. Many archaeologists who support this idea believe that human bones found in North America and South America share characteristics with the early inhabitants of Australia and other Pacific areas. These archaeologists believe that migrants from Siberia arrived later, and their arrival resulted in the disappearance of the earlier travelers who had arrived from Oceania.

Jolly: Whatever happened, do most archaeologists and anthropologists finally agree that most early Americans arrived in several waves from Siberia?

Heaney: I suppose so. Those scientists apparently agree that the first wave arrived no later than 11,000 years ago and encountered, and hunted, a land populated by such large animals as elephant-like mammoths. The second migration is believed to have occurred between 6,000 and 8,000 years ago, bringing the ancestors of such people as the modern Apaches and Navajos, who now live in the southwest of the U.S. The third migration, about 3,000 years ago, brought people of whom the modern Inuit are the descendants. It is believed that these people indeed may have come by sea from Siberia in their boats, eventually spreading across North America all the way from Alaska to Greenland.

And, whatever happened, let's not forget, many Native Americans have their own traditional stories of their origins, which they feel have been ignored by the scientists.

ジョリー教授：今日は、名高い人類学者のピーター・ヒーニーさんにお越しいただきました。この授業にようこそ、ヒーニー先生。

ヒーニー博士：ありがとうございます。皆さんこんにちは。

ジョリー：お書きになっていることによると、一部の科学者は、大部分のネイティブアメリカンの祖先が、1万7000年前から1万1000年前に、当時シベリアとアラスカをつないでいたベーリング・ランドブリッジを渡って、アジアから移住してきたと考えているのですね。

ヒーニー：はい。そのランドブリッジは、最後の氷河期に海面が低くなったことによって出現したもので、2万6000年前から1万1000年前まで存在したと考えられています。さらに、人類文化の起源を研究する人類学者の中には特に、これらの最初のアメリカ人たちは約1万2000年前にベーリング海峡を渡ったと考えている者もいます。その1万2000年前には新たに氷のない内陸ルートが開かれ、ネイティブアメリカンがそこを通ってアラスカやカナダに行くことができ、その後、北アメリカのその他の地へ、ゆくゆくは南アメリカへも広がっていったと言うのです。しかし、興味深いことに、南アメリカには約1万1500年前、またはそれよりもさらに昔に人々が住んでいたという証拠が増えてきているのです。アラスカから南アメリカまではかなり距離があり、その後そんなに早く到着するのは不可能に近いことから、ほかの科学者たちは、そのような1万2000年前のシベリアからの渡来が、新世界への人々の移住の最も古い起源とすることは受け入れていません。この証拠を理由に、こうした科学者は2つの可能性を示唆しています。

ジョリー：それで、それらはどんな可能性なのですか？

ヒーニー：1番目の可能性は、シベリアを通ってきた人々は、一般的に考えられているよりも何千年も前に北米へ渡ってきていたということです。その時に内陸ルートが氷で覆われたままだったとしても、です。これらの移住民は、動物の皮でできた船でシベリア海岸線をつたい、ベーリング・ランドブリッジ、そして最後に北米大陸へと海路でやってきたとされています。しかし、ほかの科学者はこの説に異議を唱えています。当時、こうした石器時代の人々は、しばしば荒れ狂う、猛烈でさえある海を渡るような、長く困難で危険な旅に必要な航海の技術は持っていなかったと、彼らは主張しているのです。

　2番目に出されている可能性は、古代人はベーリング・ランドブリッジもすでに存在していた可能性もある氷河期の前半、おそらく3万7000年前に、シベリアからアメリカ両大陸へ移住してきたというものです。南アメリカからの証拠によれば、おそらくこれはあり得ることでしょう。しかし、考古学者、つまり過去の人間の生活と文化に関する専門家の中には、この説は、さらに以前の、約5万年前からアメリカ両大陸、特に西海岸沿いに定住者がいたということの説明にはならないと指摘する人もいます。

　この、さらに以前の時期に対しては、より昔の古代人までもが海を船で直接横断したか、あるいは海岸線沿いを通るかして、太平洋地域から新大陸へ移住してきたという説がかなり議論されました。この説を支持する考古学者の多く

は、南北アメリカで発見された人骨が、オーストラリアやほかの太平洋地域の先住民のものと似た特質を持っていると考えています。これらの考古学者は、シベリアからの移住民が後に入ってきて、彼らの到着が結果として、オセアニアから先に到着していた移住民の消滅を招いたと考えているのです。

ジョリー：何が起こったにせよ、考古学者と人類学者の大部分は、ほとんどの初期アメリカ人は幾つかのまとまった時期にシベリアから入ってきたという説で、最終的に合意しているのですか？

ヒーニー：そうでしょうね。そういった科学者は、最初の集団は1万1000年前までには到着し、ゾウに似たマンモスなどの大型動物が多く住むこの土地を目の当たりにし、狩りをしていたという説で一致しているようです。2番目の移住は6000年から8000年前の間に起こり、現在、合衆国の南西部に居住している今のアパッチ族やナバホ族の祖先がやってきたと考えられています。3番目の移住は約3000年前で、現在のイヌイット族の祖先がやってきました。これらの人々は本当にシベリアから船で海を渡ってきたかもしれず、最終的にアラスカからグリーンランドに至るまで、北米大陸中のあらゆる場所に広がっていったと考えられています。

　そして、過去の事実がどうであれ、多くのネイティブアメリカンは自らの起源についての独自の伝承物語を持っており、それらが科学者に無視されていると、彼らが感じていることを忘れないようにしましょう。

(B)

[設問から得られるヒント]
(A)と同様のトピックについての会話のようだ。Jolly 教授の意見や説明が展開されているらしい。
[設問ごとのリスニングポイント]
(6)　5つの選択肢のうち4つは会話に登場するはずなので、落ち着いて解こう。基本的には全体を聞くしかないが、最初の設問なので初めの方にヒントがあるかもしれない。
(7)　ジョリーの発言を、考えや意見に当たる部分を待ち構えながら聞こう。
(8)　ジョリーがネイティブアメリカンの物語と何かを比べている箇所があるはず。それを探すつもりで聞いていこう。
(9)　選択肢の主語がいずれも Some Native Americans で、動詞が believe であることに着目。ネイティブアメリカンの考えていることに当たる部分を聞き取ろう。
(10) Ken の最後の発言に注意。「everybody が何を指しているか」が問われているのだから、それまでの会話に出てきた人を思い浮かべて聞こう。

(6)　正解：b)

会話で直接的にも間接的にも述べられていないのは、次のうちどれか。
a) 一部のネイティブアメリカンは、自分たちの起源に関する科学的な説明を受け入れていない。
b) 一部のネイティブアメリカンは、自分たちの起源について説明できることは、アジアから移住したという点だけだと考えている。
c) 一部のネイティブアメリカンは、自分たち自身の伝説と同様に、自分たちの起源についての科学的な説明も受け入れている。
d) 一部のネイティブアメリカンは、自分たちの起源がアジアからの移住にさかのぼるという考えを拒絶している。
e) 一部のネイティブアメリカンは、ランドブリッジからの移住説を裏付ける証拠はないと考えている。

解説

ジョリー教授の最初の発言に出てくる these scientists believe, for example, that migrations from Asia are the only explanation（こうした科学者が考えているのは、例えば、アジアから移住したという点だけが、唯一できる説明だということ）という部分から、b)はネイティブアメリカンではなく、科学者の考えであることが分かる。

(7)　正解：b)

ジョリーが考えているのはどんなことだと推測できるか。
a) ネイティブアメリカンはアジアからランドブリッジを歩いて渡ってきた。
b) 科学者はいつも意見が一致するとは限らない。
c) 物語と歴史は同じである。
d) 聖書は実話を含んでいる。
e) ネイティブアメリカンの起源に関する物語は滑稽である。

解説

ジョリーの見解はあちこちに登場するので、聞き漏らさないように注意しよう。ジョリーが2つ目の発言でnot all scientists would interpret it in the same way（科学者全員がそれを同じように解釈するとは限らない）と述べていることから、b)が正解。なお、彼女の3つ目の発言中にmany Native Americans do not necessarily make a clear distinction between story and history.（ネイティブアメリカンの多くは必ずしも、物語と歴史を明確に区別しているわけではない）という部分があるが、これは彼女ではなくネイティブアメリカンの認識の話。またそのすぐ後でJust as many people believe faithfully in Bible stories（多くの人々が聖書の物語を忠実に信じている）とも言っているが、これも彼女ではなく「多くの人々」が真実だと思い込んでいる事柄なので、c)やd)は誤り。

(8) 正解：c)

ジョリーは、ネイティブアメリカンが自身の文化の起源の物語を本当だと信じていることを説明するのに、どのような比較をしているか。

a) 科学的真実を受け入れることと比較している。
b) 現代における科学信仰と比較している。
c) 聖書の内容が本当だと信じることと比較している。
d) 別の文化からの借用と比較している。
e) 異なる科学同士を区別することと比較している。

解説

ジョリーの3つ目の発言に出てくるJust as many people believe faithfully in Bible stories, many Native Americans believe that their own traditional stories are true.（多くの人々が聖書の物語を忠実に信じているのとちょうど同じように、ネイティブアメリカンの多くが自分たちの伝承物語が真実だと信じている）から、正解が分かる。

(9) 正解：a)

会話に出てくる情報によって裏付けられるのは、次のうちのどれか。

a) 一部のネイティブアメリカンは、自分たちの起源が政治的な問題になり得ると考えている。
b) 一部のネイティブアメリカンは、自分たちの考えは原始的だと考えている。
c) 一部のネイティブアメリカンは、コロンブスはアメリカ大陸に到着しなかったと考えている。
d) 一部のネイティブアメリカンは、ホピ族の祖先は空に住んでいたと考えている。
e) 一部のネイティブアメリカンは、自分たちの文化が消え去ろうとしていると考えている。

解説

b)はネイティブアメリカンが言われ続けてきたことで、本人たちの考えには反する。c)、d)、e)については触れられていない。ジョリーが4つ目の発言でin some cases, this is a political issue.（場合によっては、これは政治的な問題）と言っており、それに続く部分では権利の問題などにも言及していることから、正解はa)だと分かる。英語では通常、主張が「抽象→具体」へと展開するため、political issueという抽象的な言葉の後には具体例や根拠が示されると考え、待ち構えて聞き取ろう。

（10）正解：c）

ケンは最後の発言中の「みんな」という語で、何を指している可能性が最も高いか。
a）ネイティブアメリカンたち。
b）科学者たち。
c）ネイティブアメリカンたちと科学者たち。
d）ジョリーと生徒たち。
e）すべてのアメリカ国民。

解説

直前のジョリーの説明だけを参考にするとa）も正解のように思えるが、ケンの発言に含まれる evidence or none（証拠があるにしろないにしろ）に注意しよう。「証拠」については「科学者 vs. ネイティブアメリカン」という図式で語られた前半で触れられており、そのことを意識して「結局は科学者もネイティブアメリカンも、『ネイティブアメリカンがどこかから移住した』という点では意見が共通している」と言おうとしていると推測できる。

▶スクリプトと訳

(B) 32　Alice 　Prof. Jolly 　Ken

Alice: Ms. Jolly, what do you mean when you say that many Native Americans feel that scientists have ignored the traditional stories of their origins?

Jolly: Well, Alice, I mean that many Native Americans believe that scientists reject Native American legends of how their ancestors came to live in the Americas and, instead, replace these traditional stories with their own scientific explanations. According to many Native Americans, these scientists believe, for example, that migrations from Asia are the only explanation for Native Americans being in America, whether by crossing the Bering land bridge or by coming by boat. However, some Native Americans say that both Native American stories as well as other explanations can be true at the same time while other Native Americans insist that their own stories are the only truth.

Alice: But, Ms. Jolly, science is science. If scientists have evidence about the origins of Native Americans, then it must be right.

Jolly: No, first, scientists don't have all the evidence. Even if they did, remember that not all scientists would interpret it in the same way. Moreover, some Native Americans point out that there is no evidence that people migrated across a land bridge from Asia. They say that even if there had been a land bridge, it's under water now and so no evidence can be collected.

Ken: Ms. Jolly, how can Native Americans say that their legends and other explanations can be true at the same time?

Jolly: Well, first of all, you have to remember many Native Americans do not necessarily make a clear distinction between story and history. Just as many people believe faithfully in Bible stories, many Native Americans believe that their own traditional stories are true. Equally, let's not forget that Native Americans have had to live with and borrow from people from different cultures for a very long time. They've just accepted the idea that there can be many different explanations.

Ken: But why then would other Native Americans insist that their own stories are the only truth?

Jolly: Well, Ken, it may be a matter of cultural pride as well as a search for cultural identity because, for centuries, Native Americans have been ignored or else laughed at. For hundreds of years, they have been told that their beliefs are primitive, not developed or advanced like those of some other cultures. Also, in some cases, this is a political issue. Some Native Americans do not accept the story of a migration from Asia because this would mean that they came from somewhere else, just as the ancestors of other people in the Americas did. Apparently, they believe that they would lose many of their rights to claim land where they traditionally lived.

Alice: Ms. Jolly, what are some Native American stories about their origins?

Jolly: Good question! Let me remind you first that there are many, many Native American cultures, though not as many as when Columbus arrived here. Therefore, naturally, these stories can vary from culture to culture. Some agricultural societies explain, for example, how their ancestors came from under the ground and then migrated to their present homes; some groups talk about how their ancestors first lived in the sky and then came to the earth. In many of these stories, people are led to their new homes by animals; in others, such as those of the Hopi in the American Southwest, people behave badly and have to leave their old homes for new ones.

Ken: I see! So, evidence or none, everybody seems to be in agreement that Native Americans migrated from elsewhere!

アリス：ジョリー先生、多くのネイティブアメリカンが、科学者が彼らの起源に関する伝承物語を無視してきたと感じているというのは、どういう意味ですか？

ジョリー：それはね、アリス、多くのネイティブアメリカンは、彼らの祖先がどのようにしてアメリカ両大陸に住むようになったかというネイティブアメリカンの伝説を科学者が否定していて、それに代わるものとして、これらの伝承物語を科学者独自の科学的な説明とすり替えていると思っているという意味よ。多くのネイティブアメリカンに言わせれば、こうした科学者が考えているのは、例えば、ベーリング・ランドブリッジを渡ってきたにしろ、船で来たにしろ、アジアから移住したという点だけが、ネイティブアメリカンがアメリカ大陸に存在することについて唯一できる説明だということなの。でも、一部のネイティブアメリカンは、ネイティブアメリカンの物語もそれ以外の説明も、同時に事実であり得ると言っているわ。一方で、そのほかのネイティブアメリカンは、自分たち自身の物語だけが唯一の真実であると主張しているの。

アリス：でも、ジョリー先生、科学は科学ですよね。科学者がネイティブアメリカンの起源についての証拠を持っているなら、結果的にそっちが正しいのは間違いないでしょう。

ジョリー：違うのよ。まず、科学者はすべての証拠を持っているわけではないの。もし持っていたとしても、科学者全員がその証拠を同じように解釈するとは限らないことを覚えておいて。その上、アジアからランドブリッジを渡って移住してきたという証拠はないと指摘するネイティブアメリカンもいるのよ。彼らが言うには、もしランドブリッジがあったとしても、今ではそれは水中にあるから、証拠を集めることはできないということなの。

ケン：ジョリー先生、ネイティブアメリカンが自らの伝説とほかの説明が同時に真実であり得ると言えるのは、どうしてですか？

ジョリー：そうね、まず覚えておいてほしいのは、ネイティブアメリカンの多くは必ずしも、物語と歴史を明確に区別しているわけではないということ。多くの人々が聖書の物語を忠実に信じているのとちょうど同じように、ネイティブアメリカンの多くが自分たちの伝承物語が真実だと信じているの。とはいうものの、忘れてはならないのは、ネイティブアメリカンは長い間、異なる文化の人々と生活し、その人たちの風習などを取り入れなくてはならなかったということ。彼らはほかにもたくさんの違った説があるという考えを受け入れたばかりなの。

ケン：でも、それならなぜ、ほかのアメリカ先住民たちは自分たちの伝承物語が唯一の真実だと主張するのでしょう？

ジョリー：そうね、ケン。それは文化への誇りと同時に、文化的アイデンティティーの模索の問題かもしれないわね。なぜなら、ネイティブアメリカンは何世紀にもわたって無視され、嘲笑されてきたからよ。何百年もの間、ネイティブアメリカンは、彼らの考えは原始的で、ほかの文化の考えのように発展的でも進歩的でもないと言われ続けてきたの。さらに、場合によっては、これは政治的な問題なのよ。一部のネイティブアメリカンはアジアからの移住説を受け入れないの。それは、アメリカ大陸に住むほかの民族の祖先とまったく同様に、彼らが

ほかの場所から来たことを意味してしまうから。どうやら、彼らは、もともと彼らが住んでいた土地だと主張する権利の多くを失ってしまうのではないかと考えているらしいの。

アリス：ジョリー先生、ネイティブアメリカンが唱える、自らの起源に関する話とはどんなものですか？

ジョリー：いい質問ね！　まず初めに、ネイティブアメリカンの文化はたくさん、本当に数多くあるわ。コロンブスがここに着いたときほど多くはないけれどね。そんなわけで、当然のことながら、これらの話は文化によってさまざまなの。例えば、ある農業社会の人々の説では、彼らの祖先は地中から生まれてきて、現在の土地に住むようになったと述べているわ。別の部族は、彼らの祖先は、初めは空に住んでいたけれど、その後地上に降りてきたと言っているの。このような話の多くにおいて、人々は動物によって現在の土地に導かれているの。ほかの種類の話では、アメリカ南西部に住むホピ族のもののように、人々が悪い行いをしたため、新しい土地へ向かうために古い土地を後にしなくてはならなかったのよ。

ケン：なるほど！　それでは、証拠があるにしろないにしろ、ほかの場所から移住してきたという点ではみんな同じ意見のようですね！

(c)

[設問から得られるヒント]
言語が講義のテーマだと分かる。設問(11)から、3つの説が紹介されることが、また設問(12)から、その一つがbow-wow theoryらしいことが予測できる。

[設問ごとのリスニングポイント]
(11) キーワードはthree theories。講義でthreeという数を明言していない可能性もあるので、まずはtheoriesに集中して聞いてみよう。
(12) bow-wow theoryを聞き逃さないように。
(13) scholarsとearly written languagesがキーワード。
(14) morphemesは専門用語だろうと予測する。ほぼ確実に、前後でそれが何か説明されているはず。
(15) 「最後の部分」をまず認識する必要がある。まとめに入るような表現が耳に入ったら要注意。

(11) 正解：c)

講義では、3つの説の目的は何だと述べられているか。
a) 統語論と形態論が自然に発達したと説明すること。
b) 言語がとても古いものだと説明すること。
c) 人々がどのように言語を作り上げたかを説明すること。
d) 行動と音の、考えられる関係を説明すること。
e) 言語を持つ前に、人々がどのように意思疎通をしていたのかを説明すること。

解説

第2段落2文目の、some scholars have suggested theories to try to explain how prehistoric human beings acquired language（一部の学者たちは、有史以前の人類がどのようにして言語を獲得したかを説明しようと試みる理論を提示してきた）の聞き取りがポイント。その後で、そのtheoriesがbow-wow theory、yo-he-ho theory、ding-dong theoryの3つであることが述べられているので、c)の選択は難しくないはずだ。

(12) 正解：c)

講義によると、「ワンワン説」を最もよく表しているのは次の例のうちどれか。
a) 有史以前の人類が、ウサギを見て「ウサギはジャンプするもの」と思った。
b) 古代人が「ノー」と言いながら頭を横に振り、後に頭を振らずに「ノー」とだけ言った。
c) 大昔の人が、川が立てると考えた音を基にして、「川」を意味する単語を作った。
d) 初期の人類が、子どもたちに何かを教えるとき、音を伴った身振りをした。
e) 人々が手話を発達させ、それを音で置き換えた。

解説

「ワンワン説」は、自然の音をそのまま言葉として使ったという説。bow-wow theoryという言葉が出てくる前にその説明があるので、聞き逃してしまうかもしれないが、慌てることはない。ほかの2説であるyo-he-ho theoryとding-dong theoryは、それぞれの語句の後に説明が続いているので、じっくり聞き取ろう。前者が音を伴った身振りだったという説、後者が頭に浮かんだままを

音にしたという説だ。それらが聞き取れれば答えが絞れる。a)やe)については触れられていないので、c)が正解。

(13) 正解：d)

講義によると、学者たちは初期の書き言葉についてどんなことを言っているか。

a) 絵を使って書かれていた。
b) 非常に急速に発達していた。
c) かなり単純だった。
d) とてもよく発達していた。
e) それを話す人はほとんどいなかった。

解説

scholarsは講義に何度か出てくるが、written languageへの言及があるのは第3段落。「学者たちは言語の起源について、あまり深入りできない」と述べた後、They do point out, however, that records of the earliest-known written languages ... show that they were already highly developed.（しかし学者たちは……知られている限り最も古い書き言葉の記録が、言語がすでに非常に発達していたことを示している）と続くので、d)が正解。

(14) 正解：b)

講師が形態素について言っていることを、最も適切に説明しているのは次のうちどれか。

a) すべての形態素は単語となり得る。
b) すべての形態素は意味を持つ。
c) 大半の形態素は分析的になり得る。
d) 幾つかの形態素は異なる言語にも共通である。
e) 多くの形態素は無音である。

解説

morphemesには、予想した通り説明が付け加えられている。第4段落中ほどのMorphemes are sounds that have meaning and can form parts of words or actually be words themselves.（形態素とは、意味を持ち、単語の各部や、実際に単語そのものを形成し得る音のこと）から、答えはb)となる。have meaningと、強く言われているactually be words themselvesが聞き取れれば解答できるはず。a)はallが誤り。

(15) 正解：d)

講義の最後の部分と最もよく合うのは次のうちどれか。

a) 言語変化について合意している言語学者はほとんどいない。
b) 人間が言語を話すとき、文法を形成している。
c) 言語進化には形態論よりも統語論が関わっている。
d) 言語は文化的共同体とともに変化する。
e) 言語は進化をやめると消滅する。

解説

第5段落冒頭のNevertheless, despite what has been said before,（とはいうものの、すでに述べた内容にもかかわらず）で、それまでの流れに区切りが付けられており、講義がまとめの部分に入ったことが予想できる。ここからを注意深く聞こう。That is because all languages are always evolving along with the cultural communities（すべての言語はその言語が話されている文化的共同体とともに常に進化している）という部分を聞き取れれば、d)が選べる。

▶スクリプトと訳

 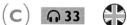

① Language may be defined as a systematized combination of sounds containing meaning for all persons in a certain cultural community. All languages have a distinct grammar — a system of rules without which communication would be difficult or impossible. Whether you speak Arabic, Chinese, Quechua, or Swahili, when you talk to someone who shares knowledge of that language, you are using the grammatical rules of word order and those of word formation to communicate your ideas. The word order is called syntax and the word formation is called morphology. No two languages share the same syntax and morphology, but there is no language or dialect — a regional variation of a language — without them.

② Language is very, very ancient. Though we will probably never know when or how language began, some scholars have suggested theories to try to explain how prehistoric human beings acquired language. One of these theories is that our ancestors copied sounds made in nature, and they used these sounds at first as vocabulary to describe their experiences to others. Perhaps, for example, one of these ancient people heard a snake make a hissing sound and, afterward, began calling snakes "hiss." This is called the bow-wow theory. Another explanation is called the yo-he-ho theory. According to the yo-he-ho theory, ancient people made gestures accompanied by sounds. Eventually, this theory says, the sounds came to mean the same thing as the gestures, which then became no longer necessary. Still another idea is the ding-dong theory, which says that sounds for things, automatically, without reason, popped into the heads of our ancestors. These sounds were then used to talk about those things.

③ Since it is probably impossible to work out the true origin of language, scholars cannot discuss this interesting issue very deeply or seriously. They do point out, however, that records of the earliest-known written languages, such as ancient Chinese or Egyptian, show that they were already highly developed. They also tell us that the same is true of languages spoken by so-called primitive people.

④ On the other hand, scholars can and do tell us many things about the structure and usage of modern languages. For example, linguists — specialists who study the science of language — explain that languages can be divided into two types. The first of these is called "analytic." In analytic languages, each word tends to equal one morpheme. Morphemes are sounds that have meaning and can form parts of words or actually be words themselves. For example, the English word "dogs" has two morphemes: "dog," which is the animal, and "s," which is the sound that indicates the word is plural. Most linguists agree that Chinese, Vietnamese and Thai are analytic languages. The second group of languages is called "synthetic." These languages tend to have words that are made up of more than one morpheme. In the Japanese word "ikimashita", for example, there are three morphemes: "iki," or "iku," which means "to go"; "mashi," or "masu," which carries the idea of politeness or formality; and "ta," which shows it is in the past tense. Latin, Greek and Inuktitut are examples of synthetic languages.

⑤ Nevertheless, despite what has been said before, most linguists will tell you that no language will fit into these categories perfectly or permanently. That is because all languages are always evolving along with the cultural communities within which they are spoken and, with that evolution, comes systematic change in the syntax and morphology that make up their grammars.

①言語とは、特定の文化共同体内のすべての人間に意味を成す音を含む、体系化された結合体であると定義されることがあります。すべての言語は独特の文法を持ち——その規則体系なしではコミュニケーションが困難または不可能になります。アラビア語を話そうと、それが中国語、ケチュア語、スワヒリ語であろうと、同じ言語の知識を共有している誰かに話し掛けるとき、考えを伝えるために語順や語形成の文法的規則を用いています。語順は統語論と呼ばれ、語形成は形態論と呼ばれます。同じ統語論や形態論を共有する言語は2つとありませんが、それらを持たない言語や方言——地域による言語の変化——はありません。

②言語はかなり大昔から存在します。言語がいつどのようにして生まれたかがはっきり分かることはおそらくないでしょうが、一部の学者たちは、有史以前の人類がどのようにして言語を獲得したかを説明しようと試みる理論を提示してきました。これらの理論の一つによると、私たちの祖先は自然が発する音を模倣し、最初はそれらの音を語彙として使ってほかの人々に体験したことを説明しました。例えば、おそらくこれら古代人の1人は、ヘビが「シュッ」と音を出すのを聞いて、その後にヘビのことを「シュッ」と呼び始めたのでしょう。これはワンワン説と呼ばれています。別の説はヨーヘイホー説と呼ばれています。ヨーヘイホー説によると古代人は音を伴って身振りをしていました。その結果、この説によれば、その音が身振りと同様の意味を示すようになり、その後、身振りは必要なくなったのです。またもう一つの説はディンドン説と呼ばれ、それによると、物を示す音が、自動的に理由もなく古代人の頭の中に浮かびました。後にこれらの音がそれらの物について話すときに使われた、というものです。

③言語の起源を解き明かすのはおそらく不可能なため、学者たちは、この興味深い問題についてあまり深く真剣に話し合うことができません。しかし学者たちは、古代の中国語やエジプト語など、知られている限り最も古い書き言葉の記録が、言語がすでに非常に発達していたことを示している、と強く指摘しています。さらに、いわゆる原始人が話していた言語にも同じことが言える、とも学者たちは述べています。

④一方で、学者たちは現代語の構造と語法について多くの事柄を私たちに伝えることができ、実際にそうしています。例えば、言語学を研究する専門家である言語学者は、言語が2種類に分けられると説明しています。1つ目は「分析的」と呼ばれます。分析的な言語では、1つの単語が1つの形態素を持つ傾向があります。形態素とは、意味を持ち、単語の各部や、実際に単語そのものを形成し得る音のことです。例えば、英語の「dogs」という単語は2つの形態素を持ちます。つまり、「dog」は動物で、「s」は複数形を示す音です。言語学者の大部分は、中国語、ベトナム語、タイ語は分析的言語であるということで一致しています。2つ目の言語は「総合的」と呼ばれます。この種の言語は1つよりも多い形態素で構成される単語を持つ傾向があります。例えば、日本語の「行きました」という単語には3つの形態素があります。「行き」または「行く」は「to go」という意味で、「まし」または「ます」は丁寧さや礼儀正しさの観念を示し

ます。そして「た」は過去の時制を意味するのです。ラテン語、ギリシャ語、イヌクティトゥット語は総合的言語の例です。

⑤とはいうものの、すでに述べた内容にもかかわらず、多くの言語学者は、どの言語もこれらの分類に完璧にまたは恒久的に当てはまりはしないと言うでしょう。それは、すべての言語はその言語が話されている文化的共同体とともに常に進化しており、その進化によって、文法を構成する統語論や形態論に体系的な変化がもたらされるからです。

Comment from Kimutatsu

最後まで頑張った君は絶対に成功する。でもね、もう一度時間を置いて最初から聞き直すこと。せっかくできた英語の耳が元に戻ったらもったいないやろう？　それから、もう英語のニュースも聞けるようになってるはずやから、いろんな素材で practical な英語を楽しもう。本当にここまでお疲れさまでした。リスニングに関してはかなり自信がついたはず。その自信を胸に、東大入試を突破してね！

コラム「Kimutatsu's Cafe」では、
キムタツ先生のお知り合いの先生方に話を伺います。

今は受験のための勉強。
受験が終わったら、世界を見てきてください

丸山 晃先生（MARUYAMA, Akira）ラ・サール高等学校 教諭

初めて旅した外国はネパールだった。大学1年の夏。NGO のツアーに参加して、ある村で村人と生活しながら山に木を植えた。1週間過ごした村での暮らしは忘れない。石造りの粗末な家だった。1階にはヤギと牛と犬が暮らしていて、2階に雑魚寝する。料理は専属の料理人が作ってくれた。ネパールの野菜は味が濃厚で美味しい。味付けはカレー味がほとんどだ。1日木を植え、夕方にはチャイを飲みながら、暮れていく山並みを眺め村人と会話した。外国で、現地の人と英語でコミュニケーションできることが嬉しかった。

村では水は貴重品だ。水道設備はなく、基本的には雨水をためて使う。きれいな水がないので、日本のような衛生観念もない。着いてすぐにおなかを壊したが、「じきに慣れます」というコーディネーターの言葉を信じるしかなかった。石で固めた地面からにょきっと生えた1本の蛇口から出る水が、生活のほぼ全てを支えている。「水を大切に」という指示は理解できたが、洗顔まで我慢するのは辛かった。

村での生活も終わりに近づいたある日、どうしても顔を洗いたくなった。肉体的にも精神的にも疲れていた。「お金を払って参加して、おなかを壊しながら木を植えて、どう

してこれ以上遠慮しなければならないんだ」と、私は顔を洗うことに決めた。

蛇口へ向かう途中、ビマラというその家の女の子とすれ違った。その時だ。彼女は私の肩をつかみ、「ちょっと待って」というように力を込めたのだ。嫌な気持ちがした。顔を洗うことを咎められる気がして、その手を振り払った。

一瞬驚いた顔をしたビマラは、けれどもすぐに蛇口へと走り、下にたまっていた野菜くずを素手でかき集めてくれた。そして、「どうぞ」と手で示してくれたのだ。私は、自分の傲慢さや狭量さが恥ずかしかった。ネパールに行こうと決めたとき、抱いていた想いはどこへ消えたのか。"Thank you." と言うのがやっとだった。

その日の夜、後悔の中で、「もう全てをあるがままに受け入れて、この旅を思い切り楽しもう」と誓った。何かを吹っ切る時、旅の風景は輝きを増す。

2週間後、帰国した。空港のトイレの清潔さに逆に違和感を覚えたあのとき、私は初めて日本を外側から眺めたのだろう。

受験生の皆さん、この本で鍛えたリスニング力を武器に、いずれいろいろな世界を見てきてください。お土産話、楽しみにしています。頑張ってください。

木村達哉
KIMURA, Tatsuya

西大和学園中学校・高等学校で10年間、灘中学校・高等学校で23年間教えた後、2021年4月より本格的に作家としての道を歩む。また、執筆活動に加え、全国の中学校・高等学校での講演や英語の先生向け勉強会の開催など、教育活動に精力的に取り組んでいる。『新ユメタン』『東大英語』シリーズ（いずれもアルク）ほか、著書多数。

書名	新 キムタツの東大英語リスニング
発行日	2021年9月3日（初版） 2024年9月17日（第6刷）
監修・執筆	木村達哉
協力	チームキムタツ
編集	株式会社アルク 文教編集部
英文作成協力	Peter Branscombe、Harry Harris、Christopher Kossowski、Owen Schaefer、Margaret Stalker、Steve Ziolkowski
翻訳	挙市玲子、伊藤香織
英文校正	Peter Branscombe、Margaret Stalker
アートディレクション	細山田 光宣
デザイン	小野安世（細山田デザイン事務所）
イラスト	花くまゆうさく、師岡とおる
ナレーション	Katie Adler、Kelvin Barnes、Sorcha Chisholm、Vicki Glass、Emma Howard、Josh Keller、Jack Merluzzi、Guy Perryman、Michael Rhys
録音・編集	株式会社メディアスタイリスト
DTP	株式会社 秀文社
印刷・製本	日経印刷株式会社
発行者	天野智之
発行所	株式会社 アルク 〒141-0001　東京都品川区北品川6-7-29 ガーデンシティ品川御殿山 Website：https://www.alc.co.jp/ 学校での一括採用に関するお問い合わせ： koukou@alc.co.jp（アルクサポートセンター）

- 落丁本、乱丁本は弊社にてお取り替えいたしております。Webお問い合わせフォームにてご連絡ください。
  https://www.alc.co.jp/inquiry/
- 製品サポート：
  https://www.alc.co.jp/usersupport/
- 本書の全部または一部の無断転載を禁じます。著作権法上で認められた場合を除いて、本書からのコピーを禁じます。
- 定価はカバーに表示してあります。
- 本書は、『灘高キムタツの東大英語リスニング』（2005年12月刊）の内容を見直し、加筆修正したものです。

地球人ネットワークを創る

アルクのシンボル
「地球人マーク」です。